El Lenguage de las Monedas

Con sólo lanzar una moneda . . .

. . . usted puede recibir respuestas afirmativas o negativas a sus preguntas, escoger la mejor de sus opciones, e incluso ¡darse cuenta del momento en el que acontecimientos futuros estén a punto de ocurrir!

Este pequeño libro está repleto de técnicas adivinatorias utilizando monedas, incluye muchas variaciones de las formas de lanzar una moneda, y también combina las monedas con la numerología, la Ouija, el tarot, el dominó o el I Ching.

La adivinación usando las monedas es simple, barata y fácil de hacer en cualquier lugar. Usted puede hacer sus propias interpretaciones, así como también interpretar para otras personas, cuando quiera y en cualquier parte. Un nuevo y divertido giro del arte de la adivinación se logrará con *El Lenguaje de las Monedas*.

Sobre el autor

Raymond Buckland es un gitano y toda una autoridad en conocimientos antiguos. Buckland, originario de Inglaterra, llegó a los Estados Unidos en el año de 1962. Ha permanecido involucrado activamente durante más de treinta y cinco años en el estudio de los fenómenos sobrenaturales y el ocultismo Raymon Buckland ha logrado publicar alrededor de treinta libros en los últimos treinta años, y ha escrito numerosos artículos para diferentes periódicos y revistas. Es autor de un gran número de libros que han sido clasificados como libros mejor vendidos, entre los que se encuentra *Rituales Prácticos con Velas*.

Correspondencia al autor

Para escribir al autor, o si desea más información sobre este libro, envíe su correspondencia a:

Raymond Buckland
% Llewellyn Español
P.O. Box 64383, Dept. 1-56718-104-x
St. Paul, MN 55164-0383, U.S.A.

Incluya un sobre estaqmpillado con su dirección y $US1.00 para cubrir costos de correo. Fuera de los Estados Unidos incluya el cupón de correo internacional.

El Lenguage de las Monedas

ADIVINACIÓN
FORTUNA
Y AMOR

Raymond Buckland

Traducción al Español por:
Héctor Ramírez y Edgar Rojas

2002
Llewellyn Español
St. Paul, Minnesota 55164-0383, U.S.A.

PRIMERA EDICIÓN
Primera impresión, 2002

Diseño de la portada: Zulma Dávila
Edición y coordinación general: Victoria Pierro
Traducción al Español: Héctor Ramírez y Edgar Rojas
Diseño del interior: Alexander Negrete y Karin Simoneau

Library of Congress Cataloging-in-Publication Data.
Biblioteca del Congreso. Información sobre esta publicación.

Buckland, Raymond.
[Coin divination. Spanish]
El Lenguage de las monedas : adivinación, fortuna y amor / Raymond Buckland; traducido por Héctor Ramírez y Edgar Rojas.
p.cm.
Includes bibliographical references.
ISBN 1-56718-104-x
1. Divination. 2. Coins—Miscellanea. I. Title.

BF1799. G56 B8318 2002
133.3—dc21

2001050565

Llewellyn Español
Una división de Llewellyn Worldwide, Ltd.
P.O. Box 64383, Dept. 1-56718-104-x
St. Paul, MN 55164-0383, U.S.A.
www.llewellynespanol.com

Impreso en los Estados Unidos de América

Para mi esposa Tara

Otros libros en Español por Raymond Buckland

La Verdad sobre la Comunicación con los Espíritus
(Llewellyn Español, 1995)

Rituales Prácticos con las Velas
(Llewellyn Español, 1997)

Wicca: Prácticas y Principios de la Brujería
(Llewellyn Español, 2001)

CONTENIDO

Introducción xiii

Parte uno
Monedas de la misma denominación 1

Parte dos
Monedas de diferentes denominaciones 27

Parte tres
Monedas para el tarot y para el dominó 61

Parte cuatro
Monedas para el I Ching 81

Parte cinco
La práctica de la adivinación a través de las monedas 155

Bibliografía 165

Introducción

Las primeras monedas fueron creadas en el séptimo siglo —antes de la existencia de Jesucristo— probablemente por los lídianos de Anatolia (de Asia Menor). Sus monedas estaban elaboradas con una mezcla de oro y plata —una aleación conocida como el electrum— moldeada en forma de un disco pequeño. Este disco se imprimía usando un troquel que se golpeaba fuertemente contra él. La primera acuñación de este tipo de monedas se estableció durante el mandato del Rey Croesus de Lydia. Los griegos, en las Islas Egeas, asimilaron de manera muy rápida este arte de la acuñación de monedas y, en poco tiempo, otros países incluyendo Italia, Persia e India, siguieron el mismo ejemplo. Durante, la misma época, la fabricación de las monedas se estaba llevando a cabo de una forma bastante independiente en países como China, Japón y Corea, en el Lejano oriente.

No se sabe con exactitud quién fue la primera persona que arrojó una moneda al aire para decidir la suerte de una determinada situación. Usando sólo una sencilla moneda, alguna persona descubrió la maravillosa manera de llegar a una decisión en el momento en que se encontraba en el dilema de escoger entre dos opciones diferentes. ¡Esta es, seguramente la forma más simple de adivinación! Puede utilizarse de diferentes maneras y, con una gran variedad de monedas; utilizando esta práctica también es posible llegar a tomar un gran número de determinaciones e, inclusive, hasta convertirse en un experto en el arte de la adivinación, situación similar a la astrología o al arte de leer las cartas del tarot.

¿Qué es "la adivinación" y cómo funciona? Se llama "adivinación" porque se cree que es un regalo proveniente de lo divino —de los dioses—. Existe evidencia de su utilización por parte de los pueblos etruscos desde tiempos que se remontan al primer milenio antes de la era cristiana; aunque muy probablemente la adivinación ya había sido usada desde mucho tiempo atrás. En épocas más antiguas, era necesario el saber cosas acerca del futuro de la cacería, o de las cosechas, por el simple hecho de supervivencia. El cielo se examinaba para tratar de descubrir señales de lo que podría estar a punto de suceder. Otras circunstancias, tales como el movimiento de animales, el vuelo de los pájaros e incluso la dirección del viento, eran igualmente examinadas.

Durante miles de años, estas formas diversas de augurios se fueron perfeccionando y llegaron a convertirse en la especialidad de ciertas personas tales como los videntes, los agoreros, los profetas y los oráculos. Una amplia variedad de herramientas eran utilizadas por estas personas, como puntos focales y microcosmos para determinar el trabajo de las diferentes fuerzas y cómo podrían verse afectados los diferentes acontecimientos. En la actualidad, el lector de las cartas del tarot, así como los lectores de la mano y los adivinos o las personas que predicen la fortuna, son directos descendientes de aquellos antiguos buscadores de conocimiento. ¿Qué tan exacta es la adivinación? Por supuesto que esta es la pregunta más importante. Obviamente, mucho depende de la individual habilidad del adivinador. Pero éste es un arte que ha sobrevivido durante miles de años; algo que ha persistido a pesar del escepticismo, del intento de descrédito y de la persecución ejercida por parte de la religión. Con respecto al último de los factores, la adivinación es aprobada y fomentada en la Biblia, como por ejemplo en las siguientes citas bíblicas 1: Corintios 12: 4–12; 14: 1, 3, 31–32, 39; y Job 12: 7–8.

La humanidad posee fascinación por las cosas relacionadas con el futuro y, en algunos casos, la *necesidad* de conocer qué es lo que el mismo futuro nos depara. Ahora más que nunca, existe una gran demanda por consultar adivinadores, a pesar de nuestra sofisticación moderna. Esto tan solo es una indicación de que debe haber algo de cierto en lo que se refiere a la adivinación. Ciertamente, existe un gran número de casos cuya autenticidad ha sido verificada, y que sería imposible mencionar. Literalmente, hay muchos otros casos que aparecen día con día. En este libro, vamos a darnos cuenta del papel que pueden llegar a jugar las monedas, como herramientas del adivinador.

Mientras viajaba en Gran Bretaña, haciendo investigación para varios de mis libros acerca de los gitanos, tales como *Gipsy Fortune Telling Tarot Kit*; *Secrets of Gipsy Love Magic*; *Gipsy Dream Dictionary*; *Gipsy Witchcraft and Magic* (todos publicados en inglés por Llewellyn), me encontré con un gran número de personas en diferentes partes del país y todas ellas usaban las monedas para practicar algún tipo de adivinación. Aunque no todas estas personas eran exclusivamente de origen gitano, muchas de las formas de adivinación que presento en este libro, las encontré primordialmente entre los viajeros.

La reputación de los gitanos es primordialmente de adivinos. Ellos utilizan las cartas (tanto las del tarot clásico como las de los naipes comunes y corrientes), las bolas de cristal, los dominós, los dados, las piedras y muchos otros utensilios; sin embargo, los objetos que resultan más fáciles de utilizar son las monedas —debido a que siempre, cualquier persona, tiene unas cuantas monedas en su bolsillo—. Los gitanos llevan su propio dinero con ellos (en lugar de confiárselo a los bancos) y frecuentemente utilizan las monedas de oro como accesorios en su vestimenta. Resulta bastante probable que en ciertas ocasiones un gitano pudiera llegar a adivinar utilizando una o varias de estas monedas —las soberanas y las medio-soberanas en la Gran Bretaña—.

Para cualquier persona, el hecho de utilizar las monedas es una forma poco costosa de adivinar la suerte, fácil de transportar, fascinante e informativa.

Si se tiene en cuenta la fascinación de la materia, independientemente de la lectura y de la adivinación, las monedas por sí mismas pueden resultar atractivas. Personalmente, me gusta utilizar monedas extranjeras, especialmente aquellas que son poco conocidas y, quizás, inclusive hasta escasas. A partir del sistema de acuñación británica predecimal, por ejemplo, los antiguos cuartos de peniques, medios peniques y peniques, las piezas de tres peniques resultan ser de gran utilidad. Podría usted incluso ir más adelante y por ejemplo, utilizar monedas en las que aparecen animales grabados, en vez de usar aquellas con cabezas de personas, y así sucesivamente como mejor le parezca. Muchas monedas, al parecer aquellas que provienen particularmente de los países asiáticos, contienen imágenes de pájaros, animales, e incluso insectos. Todas estas monedas pueden ser utilizadas en los trabajos de la adivinación con el fin de producir resultados más interesantes.

Cuando usted seleccione las monedas que va a utilizar, no descarte las medallas, hay muchas medallas antiguas que pueden servir como monedas de adivinación. He aquí algunos recursos para conseguir monedas y medallas. Las tiendas numismáticas, o tiendas que venden monedas; así como casas de empeño, muchas otras veces pueden también conseguirse en ventas de garaje por un precio razonable. Otra posibilidad son las medallas religiosas. Si le atraen el Vudú o la Santería, o si usted practica la Religión Católica por ejemplo, le resultaría ideal el usar medallas con imágenes de santos, Ángeles o arcángeles que usted podría obtener en tiendas de artículos religiosos y en otros muchos lugares. Algunas veces puede usted remover fácilmente estas medallas de una pulsera o una cadena. Los proveedores de artículos metafísicos por correo, de vez en cuando, ofrecen monedas con diseños de talismanes.

El zodíaco chino aparece representado en las diez monedas "singold" de la República de Singapur —monedas pequeñas, de oro puro, cada una con un peso de una décima de onza—.

Por consiguiente, es posible obtener un juego completo de doce monedas con imágenes de animales por un costo un poco superior al valor de una onza de oro (aproximadamente $400.00 dólares al momento de escribir este libro). Para los practicantes más serios, esto proporciona una gran herramienta para la adivinación y también constituye una buena inversión.

Algunos catálogos —especialmente los de las tiendas de los museos— ofrecen reproducciones de monedas antiguas: romanas, griegas, hebreas y así sucesivamente. Estas pueden ser réplicas muy interesantes para ser usadas en las técnicas de adivinación.

Las personas que viajan, y muchas otras personas que utilizan monedas, trabajan con éstas a un nivel muy básico. Toman su moneda o monedas y adivinan en el momento y en la medida en que la necesidad se presenta. Sin embargo, de la misma forma en que ocurre con los lectores de las cartas del tarot y con otras personas, a algunos individuos les gusta llevar a cabo un completo ritual de una lectura, sintiendo que de esta manera la totalidad de las posibles fuerzas están de su lado. Este método deja mucho que desear.

Con las monedas, el comienzo del ritual tiene que ver con la preparación de las mismas. Todas y cada una de las monedas que vayan a ser utilizadas deben ser purificadas de una manera ritual (vea la parte cinco). Después, deben envolverse en un pedazo de seda o deben guardarse en un paquete o bolsa especialmente fabricada para este propósito. Si a usted le parece que puede ser beneficioso, tal vez podría quemar incienso durante la lectura con el fin de agregar vibraciones positivas.

Saque la moneda o monedas de la bolsa, sosténgalas entre las palmas de sus manos y concentre todos sus pensamientos sobre la pregunta que desee resolver. (Si usted tiene alguna inclinación especial hacia la religión, éste es un buen momento para llamar a su deidad o deidades para que lo bendigan con una decisión clara). Si desea hacer varias preguntas, entonces el proceso de concentración debe hacerse antes de cada una de las preguntas. Aclare su mente y diga en voz alta la pregunta que desee —con una voz firme y clara— e inmediatamente tire, gire o lance la moneda o las monedas.

Pero empecemos desde el principio, con la técnica de adivinación con una sola moneda y después lo haremos utilizando dos, tres o más monedas.

Parte uno

Monedas de la misma denominación

LAS PREGUNTAS QUE requieren respuestas afirmativas o negativas son las más sencillas y, con mucha frecuencia, las mejores respuestas. Estas son fáciles de entender y van directo al punto, sin ambigüedad. Con una simple moneda, usted puede conseguir la respuesta que necesita sencillamente lanzándola al aire o haciéndola girar.

Aunque parezca sencillo, para estar seguro de que obtendrá la respuesta precisa, lleve a cabo este ritual: saque la moneda de la bolsa o bolsillo y sosténgala en las palmas de sus manos, como si con ellas estuviera formando un pequeño tazón, durante unos momentos mientras se concentra en la pregunta que quiere formular, después aclare su mente y lance o gire la moneda. Tradicionalmente, el lado de la cara significa un *sí* y el lado del sello significa un *no*.

Pero puede lograr mucho más que una simple respuesta de sí o no con una sola moneda.

Una moneda

En una hoja grande de papel, dibuje un círculo aproximadamente unas doce pulgadas de diámetro. Dibuje un segundo círculo concéntrico de aproximadamente dieciocho pulgadas y un tercero de aproximadamente veinticinco pulgadas: (vea el ejemplo en la siguiente página).

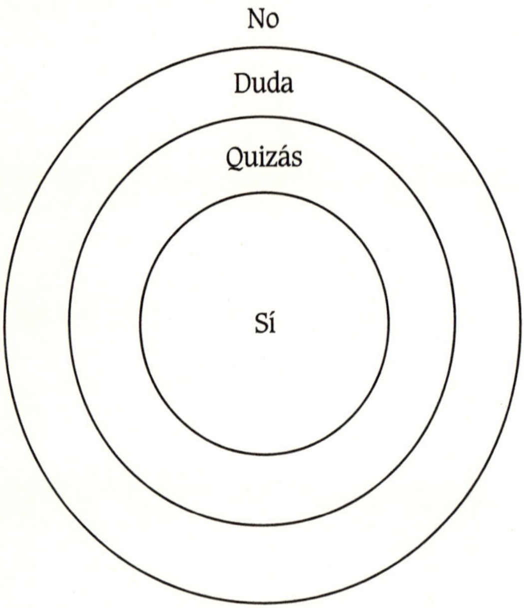
No
Duda
Quizás
Sí

Tire su moneda hacia el centro del círculo. El círculo más pequeño en el interior de la figura representará un *sí* definitivo (sin importar si la moneda cae con la imagen de la cara o del sello hacia arriba); el siguiente círculo que está inmediatamente después del anterior representará *quizás*; el círculo que sigue, representa una situación de *duda;* y la parte de afuera de los círculos significa un rotundo *no*.

Usted puede adaptar este sistema de los círculos para preguntar por ejemplo, "¿Cuándo irá a suceder tal o cual cosa?" Marque el círculo del centro de manera que represente el futuro inmediato (es decir, las próximas dos o tres semanas); el círculo siguiente señalará un plazo de unos tres meses; el círculo exterior representará un año y, por último, la parte de afuera de los círculos significará un futuro lejano. Usted puede marcar los círculos de manera que satisfagan la pregunta que desea formular, por ejemplo para que éstos representen minutos y horas o meses y años.

Además de todas estas escalas de tiempo, y aunque la manera en que caiga la moneda, ya sea de lado del sello o de la cara, no es una indicación negativa o afirmativa, el lado de la moneda que esté hacia arriba puede ser significativo. Cuando se muestre la imagen de la cara, esto podría significar que la respuesta es directamente aplicable a la persona que interroga (o al que lo haya solicitado, en el caso de que usted sea el intermediario). Si la imagen que se muestra es un sello, esto significaría que la respuesta afectará indirectamente a la persona que pregunta. Un sello también puede significar que aunque la respuesta sea afirmativa y muestre el período de tiempo por el cual se haya preguntado, habrá un evento inesperado, mientras que la imagen de una cara significará que la respuesta será beneficiosa.

Otro método es dibujar un círculo grande (que mida entre doce y quince pulgadas de diámetro) trazando una línea central alejada de usted, de manera que lo divida exactamente por la mitad. Después de hacer eso, dibuje dos líneas más a la misma distancia, como se muestra en el dibujo de la página siguiente.

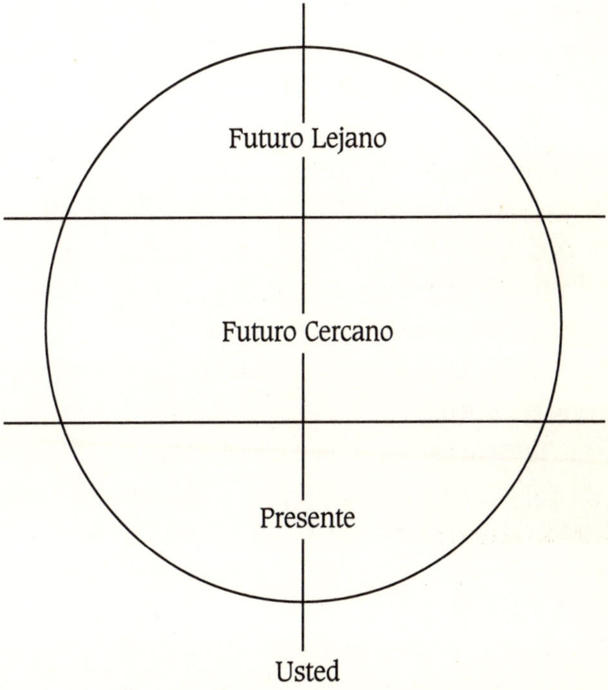

Futuro Lejano
Futuro Cercano
Presente
Usted

La línea vertical que se aleja de usted es la que lo representa (o representa a quien esté haciendo la pregunta a través de usted). Las dos líneas divisorias, seccionan el área de adivinación en el presente (la parte más cercana a usted), el futuro cercano (la sección del centro) y el futuro lejano (correspondiente a la parte del círculo más distante de usted). Formule su pregunta y lance la moneda. Si llega a caer en la parte de afuera del círculo, láncela de nuevo. Si cae otra vez afuera, láncela una vez más. Usted tiene tres oportunidades. En caso de que caiga fuera del círculo las tres veces, esto significa que la pregunta no puede contestarse en este momento.

Entre más cerca caiga la moneda a la línea principal, más significativa y más directa será la forma en que la respuesta lo afectará a usted (o a quien esté formulando la pregunta a través de usted). Entre más cerca se encuentre la moneda de los bordes del círculo, menos influencia va a tener sobre usted.

Otra manera es utilizar la moneda como si se tratara de la guía que se coloca sobre una Tabla Ouija™. Recorte treinta y ocho cuadrados pequeños de papel y marque veintiséis de ellos con cada una de las letras del alfabeto, diez con los números del 1 al 10 y dos con las palabras *sí* y *no*. Coloque estos treinta y ocho pedazos de papel en forma de un círculo sobre una mesa, de manera que quede convertida en una especie de Tabla Ouija™. El papel no tiene que estar necesariamente alineado con el borde de la mesa, lo importante es que forme un círculo. Ahora lance la moneda. No importa si cae dentro del círculo o fuera de él, determine cuál es la letra o el número más cercano al lugar en donde cayó y después de eso láncela de nuevo. De esta manera, al igual que ocurre con la guía de una Tabla Ouija™, usted puede escribir mensajes y obtener información. Para más información sobre estos tableros y sus idiosincrasias, remítase a mi libro *Doors to Other Worlds* (Llewellyn, 1992; publicado en inglés).

Uno de los grandes placeres del arte de la adivinación a través de las monedas, es que usted puede hacerlo casi en cualquier parte, inclusive mientras va caminando. Haga su pregunta mientras camina, después simplemente saque una moneda de su bolsillo. De nuevo, la imagen de la cara significa *sí* y la imagen del sello significa *no*.

Una moneda también puede utilizarse con una baraja de cartas para predecir el futuro. Saque el as de bastos, el rey de diamantes, la sota de corazones, la sota de espadas, el cinco de bastos y el dos de diamantes y, después de haberlos barajado, colóquelos boca abajo en una mesa, como se muestra a en la siguiente página.

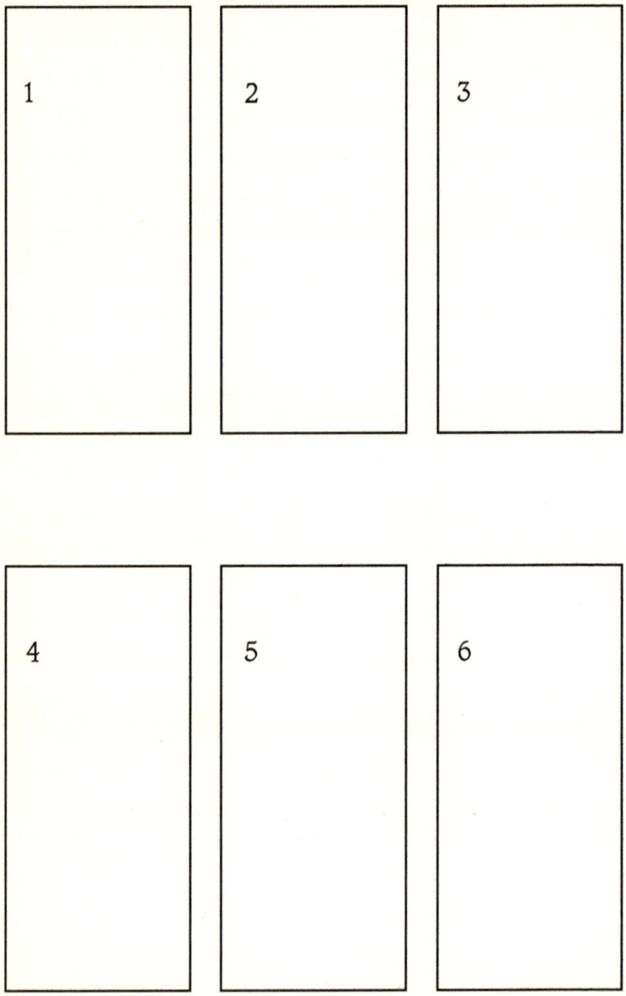
1
2
3
4
5
6

Tome la moneda en sus manos y agítela bien, luego tírela (desde una altura de aproximadamente doce pulgadas) en la dirección de las cartas. Dele la vuelta a la carta en la que haya caído la moneda, o a la que haya quedado más cerca. En el caso de que llegue a caer en un punto equidistante de dos o más cartas, entonces tírela de nuevo. Usted tiene tres oportunidades para hacerlo. Si cae equidistante de más de una carta cada vez, su pregunta no puede ser respondida.

A continuación aparecen registrados los significados tradicionales otorgados para cada uno de los resultados:

	Cara	**Sello**
As de bastos	Tenga cuidado de sufrir grandes pérdidas por causa del descuido.	Un regalo de considerable valor llegará de un extraño.
Rey de diamantes	Evite todo tipo de transacciones financieras durante los próximos dos días.	Va a recibir un aumento inesperado de salario.
Sota de espadas	Pérdida por un robo o a causa de un descuido de su parte.	Riña o disputa relacionada con una pequeña cantidad de dinero.

	Cara	Sello
sota de corazones	Responsabilidad ocasionada por una cantidad inesperada de dinero.	Permanezca alerta respecto a un consejo bien intencionado relacionadocon sus asuntos financieros.
cinco de bastos	Alguien le confiará una propiedad muy valiosa.	Ahorre ahora para prevenir tiempos difíciles.
dos de diamantes	Un talento del que usted se había olvidado le va a resultar lucrativo.	Usted va a tener algo de buena suerte en lo que al dinero se refiere.

Si tiene alguna pregunta que tenga varias posibles respuestas y quiere saber cuál es la mejor, puede usar tarjetas o pedazos cuadrados de papel y escribir cada una de las posibilidades en una tarjeta por separado. Entonces, tal como se hizo anteriormente, barájelas y póngalas boca abajo. Concéntrese en la pregunta cuando agite la moneda. Tírela; la carta sobre la cual caiga la moneda, o la más cercana al lugar donde ésta caiga, corresponderá a la respuesta para su pregunta.

Dos monedas

Dos monedas pueden ofrecerle cuatro variables: la cara y el sello; el sello y la cara; la cara y la cara; y el sello y el sello. Para establecer la diferencia entre el sello y la cara con respecto a la cara y el sello, usted necesitará *leer* las monedas en forma consistente ya sea de izquierda a derecha o de derecha a izquierda. Con una pregunta que requiera únicamente una respuesta *negativa* o *positiva* usando dos monedas puede leer las dos caras como un *sí*, los dos sellos como un *no*, y tanto una cara y un sello como un sello y una cara representaría un *quizás*. Usted también puede establecer que una cara y un sello representan un *quizás* y que un sello y una cara significan que debe plantear la pregunta con otras palabras o también que la pregunta no se puede contestar. De nuevo recuerde que estos tipos de lecturas pueden hacerse inclusive mientras va caminando.

Al utilizar el método del círculo con la línea divisoria central y las tres áreas que lo cruzan (vea la figura de la página 7), usted puede lanzar las dos monedas y conseguir mucha información. Primero que nada, las imágenes de las caras indican formas de energía positiva mientras que los sellos representan energías negativas. Entre más cerca caiga una o las dos monedas de la línea principal que divide el círculo en dos mitades, mayor será la influencia que ejerzan esos tipos de energías sobre el interrogador. Como se indicó anteriormente, el área más cercana representa el presente, el área del medio representa el futuro inmediato y, por último, el área más alejada corresponde al futuro más lejano.

Tomemos un ejemplo en el cual una moneda cae con la imagen de la cara hacia arriba cerca de la línea central, en el área más cercana, y la otra moneda cae mostrando la imagen del sello, casi en la línea externa del círculo, dentro del área media.

Si tenemos en cuenta lo que se ha dicho acerca de los significados de las áreas, este ejemplo nos indica que existen energías muy positivas las cuales afectan de una manera muy estrecha al interrogador en el momento presente, pero también existen algunas energías negativas que, en el futuro más inmediato, estarán ejerciendo su influencia; sin embargo, esas energías negativas no se encuentran tan cerca del individuo en cuestión, de manera que solamente van a ejercer un ligero efecto sobre la persona.

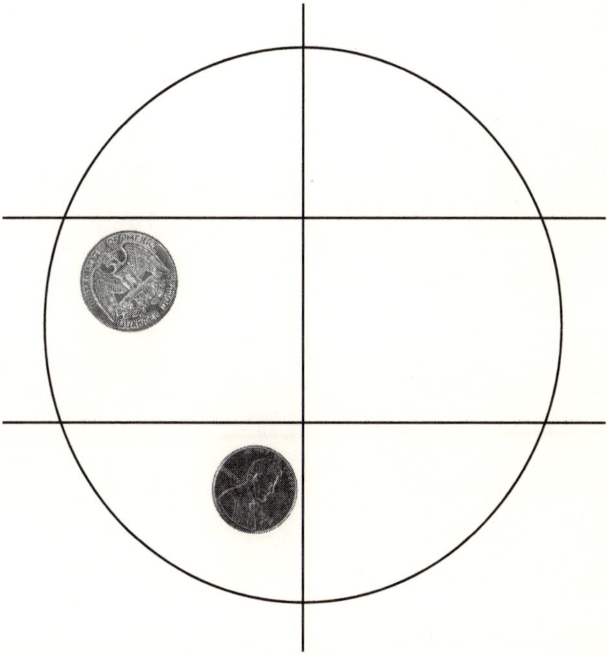

Tres monedas

En mi libro *Gipsy Witchcraft and Magic* (publicado en inglés por Llewellyn, 1998), hice una exposición detallada de un método de adivinación que utiliza tres monedas similares. En efecto, este método en particular fue el que primero empezó a despertar mi interés en el arte de la adivinación a través de las monedas.

El lector sostiene las tres monedas y se concentra en la pregunta. Después, las monedas se lanzan y luego se establecen sus posiciones relativas. Primero que todo, se interpreta la revelación de la cara o el sello. Con tres monedas existen ocho posibles combinaciones:

1. cara, sello, sello

2. cara, cara, sello

3. cara, cara, cara

4. sello, sello, sello

5. sello, sello, cara

6. sello, cara, cara

7. cara, sello, cara

8. sello, cara, sello

De nuevo, estamos considerando la idea de que las monedas queden colocadas lo más parecido posible a una línea recta. Las interpretaciones son como aparecen a continuación:

Cara, sello, sello: Respuesta posiblemente negativa. Quizás exista un engaño. Permanezca alerta. Planee cuidadosamente. Malas inversiones. Hay oportunidades, si usted las escoge cuidadosamente.

Cara, cara, sello: Respuesta posiblemente positiva. Posibilidad para la ganancia. Existe la oportunidad de invertir. Posibilidad para el amor.

Cara, cara, cara: Respuesta definitivamente positiva. Hay alegría y regocijo. Los deseos se han cumplido. Goce y disfrute. Fertilidad.

Sello, sello, sello: Respuesta definitivamente negativa. Posibilidad de una tragedia. Mala suerte. Un fraude inminente. Escándalo. Seducción.

Sello, sello, cara: Respuesta posiblemente negativa. Actúe con cautela. Posibilidad de malas noticias. Pérdida financiera. Acusaciones.

Sello, cara, cara: Respuesta posiblemente positiva. Recibirá una carta conteniendo buenas noticias. Encuentro con un viejo amigo. Éxito comercial. Herencia.

Cara, sello, cara: Respuesta posiblemente positiva. Encuentro con una persona que podría resultar afortunado. Nuevo comienzo; oportunidad para volver a empezar.

Sello, cara, sello: Respuesta posiblemente negativa. Encuentro con una persona en la que no debe confiar. Tentación. Planee antes de actuar.

Estas son las lecturas básicas, rápidas. Las lecturas podrían resultar elaboradas dependiendo de la forma en la que caigan las monedas y la separación entre cada una de ellas. Por ejemplo, entre más cercanas estén las dos imágenes de los sellos, existe mayor energía negativa en la respuesta; entre más cercanas estén las dos caras, significa que hay presencia de una mayor carga de energía positiva. Cuando dos sellos quedan cercanos pero a la vez caen a una cierta distancia de la cara, entonces existe un equilibrio tanto en el lado positivo como en el negativo, a pesar de que haya sellos dobles. De la misma manera, dos caras cercanas distanciadas un poco de un sello, equilibra las fuerzas.

Si usted observa tanto las caras como los sellos a partir de la perspectiva del yin y el yang, en lugar de la polaridad de lo bueno y lo malo, la lectura puede resultar un tanto interesante —siendo el yin y el yang la dualidad del cosmos— juntos representan la dualidad dinámica y la interacción que provoca realidad.

El yin se está rindiendo mientras que el yang permanece firme. Hagamos un paralelo de las caras con el yang y los sellos con el yin.

Cara, sello, sello: Representa la flexibilidad. La separación. Dé un paso atrás para poder observar mejor la totalidad de la imagen. Habilidad de cambiar, aunque la persuasión puede resultar necesaria.

Cara, cara, sello: Representa los obstáculos, sin resultar insuperables. Necesidad de ser firme, pero a la vez esté listo para ceder un poco si resultara necesario.

Cara, cara, cara: Máxima expresión del yang. Cuya influencia está al máximo nivel. Flujo exterior de energía. Situación que exige firmeza y acción. Habrá lecciones por aprender.

Sello, sello, sello: Máxima expresión del yin. Tiempo apropiado para concentrar su energía. Menos movimiento, más reposo y contemplación será lo adecuado. Quietud. Su influencia no se puede sentir. Tenga cuidado con el hecho de ser demasiado flexible. Tiempo para la creación y para la realización.

Sello, sello, cara: Representa las limitaciones. Sea consciente de los excesos. No se sobrecargue de responsabilidades.

Sello, cara, cara: Mantenga presente lo más íntimo de sus sentimientos, su intuición. No se equivocará. Es un buen momento para los nuevos comienzos.

Cara, sello, cara: Reúna todas sus fuerzas. Confíe en los amigos y los miembros de la familia para la fuerza extra que va a necesitar. Si se encuentra solo, será vulnerable; con otras personas, usted es invencible.

Sello, cara, sello: Evite las confrontaciones. Manténgase a distancia. La discreción es la mejor herramienta del valor.

Cuando las monedas se agrupan muy cercanas entre sí, y de tal manera que quedan formando un triángulo perfecto, esto es un indicador de la existencia de dinero. Cuando las monedas están en un triángulo más ancho pero equidistantes, entonces asuntos legales se aproximan —posiblemente una demanda judicial—. Cuando las monedas formen una línea recta, totalmente equidistantes entre sí, esto indica un viaje. Cuando están formando una curva igualmente espaciada, es posible que existan algunos retrasos.

Cinco monedas para la numerología

La numerología puede ser utilizada para muchas cosas, incluyendo para conseguir respuestas e impresiones de las personas. La base de todos los números y de todos los cálculos son los dígitos del uno al nueve, puesto que cualquier número puede ser reducido a uno de estos números primarios. Con la adivinación a través de las monedas, nosotros trabajamos con cinco monedas, dándole a cada una de las caras el valor de uno y a cada uno de los sellos el valor de dos. Si dejamos caer las cinco monedas y obtenemos como resultado, por decir algo, tres caras y dos sellos, esto resultaría en 1 + 1 + 1 + 2 + 2 = 7. De la misma manera, una cara y cuatro sellos darían como resultado 1 + 2 + 2 + 2 + 2 = 9. Si obtenemos cinco sellos (2 + 2 + 2 + 2 + 2), entonces tendríamos un diez, pero en la adivinación a través de las monedas esta cifra se toma como un cero puesto que trabajamos solamente con los dígitos 1, 2, 3, 4, 5, 6, 7, 8, y 9.

Para el proceso de la adivinación, dibuje un círculo, aproximadamente de unas seis pulgadas de diámetro. Agite las monedas y déjelas caer sobre el círculo. Es posible que no todas ellas caigan dentro de él; también se da el caso de que algunas puedan rodar hacia afuera. Sume las equivalencias de las caras y los sellos de las que caigan dentro del círculo. Por ejemplo, tres monedas caen dentro del círculo, dos de ellas mostrando la imagen de la cara y una mostrando el sello. De acuerdo a lo anterior, eso sería 1 + 1 + 2 = 4. Otro ejemplo: suponga que cuatro de las monedas caen dentro del círculo, dos muestran caras y dos sellos. Eso nos daría 1 + 1 + 2 + 2 = 6. Estos números representan respuestas a las preguntas que usted formule.

Primero que nada, veamos el significado de los números que resultan de esta técnica.

1: Representa una fuerza que guía; un líder. Ambicioso y con tendencia a ser impaciente para terminar proyectos. Automáticamente asume comando. El extrovertido. Frecuentemente representa "el hermano o la hermana mayor". Muy a menudo posee sentimientos muy fuertes a favor o en contra; muy rara vez estos sentimientos son mediocres. No sería capaz de herir a nadie de manera consciente pero no reconoce su propia fortaleza. La alabanza puede llegar a estimular los esfuerzos más grandiosos. Asociado con el sol.

2: Representa lo sensible y lo doméstico. Puede convertirse en emocional. Tiene imaginación fecunda. Aficionado a la casa y a la familia. Fácilmente acepta cambios en distintos ambientes. Demuestra inclinación hacia el agua y le gusta vivir cerca de ella. Inclinación hacia la música. Personalidad psíquica. Relacionado con la luna.

3: Representa al buscador; al investigador. Involucrado en asuntos científicos. Es más material que espiritual, aunque no significa que esté interesado en el dinero. Buen sentido del humor. Muy confiado pero le gusta averiguar el significado de las cosas. Las ideas sobre la religión cambian frecuentemente. Relacionado con el planeta Júpiter.

4: A menudo está adelantado para su tiempo. Puede parecer extraño o excéntrico. Especialmente interesado en los asuntos relacionados con materias metafísicas. Posee fuertes tendencias intuitivas. Frecuentemente persona psíquica. Atraído hacia algo excepcional. Puede ser sarcástico cuando se siente presionado. Cree en la libertad y la igualdad. Asociado con el planeta Urano.

5: Representa a alguien activo mental y físicamente. Hace muchas preguntas; siempre en busca de respuestas. Aptitud para los idiomas y podría ser un buen maestro o escritor. Facilidad para hacer amigos. Metódico y ordenado; bueno para la simplificación de los sistemas. Asociado con el planeta Mercurio.

6: Gentil, refinado, agradable y sociable. Un pacificador natural y diplomático. No se siente a gusto en lo relacionado con las finanzas. Con frecuencia físicamente atractivo. Un buen anfitrión. Asociado con el planeta Venus.

7: Representa una personalidad sumamente psíquica. Introvertido. Sabe bastante pero no habla mucho. Puede llegar a ser misterioso; interesado en asuntos relacionados con la química y la psicología. Conocedor de astrología y de las ciencias ocultas. Le gusta tomar del que "tiene" para darle al que "no tiene". Asociado con el planeta Neptuno.

8: Frecuentemente de apariencia fría; con escaso sentido del humor. Aunque lento iniciador, puede sorprender con un rápido final. Bueno para las finanzas. Interesado en asuntos relacionados con la minería, los bienes raíces y las leyes.

Cree en el trabajo intenso. Fascinado con el pasado y con los cementerios. Asociado con el planeta Saturno.

9: Puede ser emocional y a menudo celoso. Es activo, aunque gobernado por las emociones. Ligado a la tradición familiar. Puede ser sumamente leal. Sospechoso de extraños. Temeroso ante lo desconocido. Con frecuencia relacionado con asuntos como cirugías y con enfermedades físicas y mentales. Asociado con el planeta Marte.

Si usted tiene preguntas acerca de una persona, lo mencionado anteriormente le dará una buena idea sobre sus características, basándose en las monedas que caen dentro del círculo en el momento en que usted haga la pregunta.

De la misma manera, también puede conseguir respuestas a una gran variedad de preguntas. Suponga que está pensando en una reubicación, en Florida, por así decirlo, usted puede encontrar el valor numerológico de la ciudad utilizando las letras del abecedario alineadas con los números del uno al nueve, así:

1	2	3	4	5	6	7	8	9
A	B	C	D	E	F	G	H	I
J	K	L	M	N	O	P	Q	R
S	T	U	V	W	X	Y	Z	

Ahora tire sus monedas dentro del círculo y concéntrese en preguntar si Florida sería un buen lugar para reubicarse o no. Si obtiene como resultado dos caras (1 + 1) o un sello (2), entonces habrá obtenido la confirmación de que esa sería una decisión acertada. Obviamente para este tipo de pregunta, usted necesitará tomar en cuenta muchos otros factores, pero el resultado de un "2" podría indicarle que Florida sería una opción excelente.

Para una pregunta básica que requiera de una respuesta *afirmativa* o *negativa*, si las monedas le dan como resultado un número impar, eso se interpreta como un sí; si el resultado es un número par, eso significa un *no*.

¿Le gustaría saber de qué color quisiera pintar su apartamento? ¡Tire las monedas y vea! La afinidad existente entre los colores y los números es la siguiente:

1: café, amarillo, dorado

2: verde, crema, blanco

3: malva, violeta, lila

4: azul, gris

5: los matices *claros* de cualquier color

6: todos los matices del azul

7: los matices *claros* del verde y del amarillo

8: gris oscuro, azul, púrpura, negro

9: rosado, rojo, carmesí

La numerología es un estudio fascinante y existen muchos buenos libros que se han escrito sobre este tema (vea la bibliografía). Experimente la utilización de las monedas para llegar a los números necesarios.

Parte dos

Monedas de diferentes denominaciones

CON EL SISTEMA de acuñación de los Estados Unidos, usted podría usar una moneda de cinco centavos, una de diez centavos, una de un cuarto de dólar de Susan B. Anthony para tener un juego de cuatro monedas diferentes. Una pieza de cincuenta centavos también podría utilizarse, pero un dólar de plata podría resultar una moneda muy pesada. Del sistema británico de acuñación, se podrían utilizar las monedas de un penique, de dos peniques, de cinco peniques, de diez, de veinte y de cincuenta peniques. La libra podría resultar un poco pesada, pero también podría ser utilizada. Con el estilo antiguo de la acuñación británica, usted tiene la posibilidad de escoger entre la moneda del antiguo cuarto de penique, la de medio penique, la de un penique, la pieza de tres peniques, la de seis peniques, el chelín, el florín y la media corona. Las denominaciones de otros países pueden ser utilizadas de la misma manera y sin ningún problema. Por supuesto que no existe ninguna razón para que usted no pueda mezclar y adaptar, lo cual podría resultar ser una idea muy buena con el objetivo de que tenga una gran variedad de monedas, siempre y cuando todas tengan un tamaño y un peso similar.

Por el bien de los ejemplos que hay en este capítulo, simplemente me voy a referir a las diferentes monedas con el A, B, C, sucesivamente. Por ejemplo, la moneda A podría ser un florín británico de los más antiguos, la moneda B podría ser un cuarto de dólar de los Estados Unidos y C un céntimo francés.

Dos monedas

Si lo que está tratando de hacer es tomar una determinación entre dos alternativas, permita que una moneda (la moneda A) represente una de las opciones y que la otra moneda (la moneda B) represente a la otra posibilidad. Tire las monedas; aquella que caiga más cerca del sitio donde usted está, normalmente, se considera como la mejor alternativa. (Esto mismo también puede hacerse con tres o con más monedas que sean diferentes, por supuesto, en donde estén representando más posibilidades. De esta manera, usted puede calificar desde la mejor hasta la peor de sus alternativas).

Aquella moneda que caiga más cerca es, *normalmente*, la opción más acertada. Es necesario aclarar esto porque podría presentarse el caso de que usted las lanza y, aunque la moneda A haya quedado más cerca de usted, podría estar mostrando la imagen de un sello, mientras que la moneda B, la cual ha quedado más alejada podría estar mostrando la imagen de una cara. Si usted es de los que considera que las caras tienen una connotación positiva y que los sellos tienen una connotación negativa, entonces a partir de ese lanzamiento se podría decir que aunque la moneda A es, inicialmente, la mejor de las opciones, ésta podría conducirlo a una situación menos deseable; y aunque la moneda B resultó ser clasificada (en virtud de haber quedado más alejada de usted) como la peor de las dos alternativas, al final de cuentas ¡ésta podría resultar ser la más acertada! De manera que, como se puede dar cuenta, usted necesitará no solamente tomar en consideración las posiciones de las monedas, sino también el hecho de si ellas caen de modo que queden mostrando la imagen de la cara o del sello.

Tres monedas

Usted puede utilizar tres monedas de tamaños diferentes a las que llamaremos, para usar un ejemplo, tamaños A, B y C. Déjelas caer y vea las combinaciones que se forman con sus caras y sellos, sin tomar en cuenta el lugar en el que hayan caído (en otras palabras, no importa si no han quedado en línea recta). Las posibilidades son las siguientes:

A	B	C	Lectura
Cara	Cara	Cara	Muy positivo. Los planes tendrán éxito. Hay buenas noticias en camino.
Cara	Cara	Sello	Las cosas parecen prometedoras, pero tenga mucho cuidado; mire por donde camina.
Cara	Sello	Sello	Las cosas pueden tener una apariencia negra, pero hay un forro color de plata sobre las nubes grises. Tranquilo, no desespere.

A	B	C	Lectura
Sello	Sello	Sello	Hay energías negativas a su alrededor.
Sello	Sello	Cara	Habrá un período de negatividad, pero eventualmente abrirá el camino a las energías positivas.
Sello	Cara	Cara	Mala suerte de momento, invierta en el futuro, no en el presente.
Cara	Sello	Cara	Todo puede parecer color de rosa, pero observe con mucho cuidado al enemigo oculto.
Sello	Cara	Sello	Hay intriga por a su alrededor, pero aférrese a sus ideales; usted resultará estar en lo correcto.

Cuatro monedas

Para adivinar la suerte o para la adivinación en general, formule su pregunta y agite las cuatro monedas. Déjelas caer encima de una mesa. Las posibilidades aumentarán hasta dieciséis, como se muestra en la página siguiente:

A	B	C	D	Lectura
Cara	Cara	Cara	Cara	Sabiduría.
Cara	Cara	Cara	Sello	Aquí está el poder. Actúe ahora pero no se torne dominante.
Cara	Cara	Sello	Sello	Tenga en cuenta los consejos que le den los demás; busque ayuda.
Cara	Sello	Sello	Sello	Posibilidad de enfermedades; las cosas están débiles.
Sello	Sello	Sello	Sello	No. Podría tener una seria pérdida.
Cara	Cara	Sello	Cara	Hay algo que no está bien. Ilusiones.
Cara	Sello	Cara	Cara	Escuche a su propia conciencia; confíe en la intuición.
Sello	Cara	Cara	Cara	Se siente atrapado; esté atento al engaño.
Cara	Sello	Cara	Sello	Hay cosas nuevas ahora: bebés, trabajos y oportunidades.

A	B	C	D	Lectura
Sello	Sello	Cara	Cara	Escape. Solucione los problemas.
Sello	Sello	Sello	Cara	Incompleto; necesita aprender.
Cara	Sello	Sello	Cara	Necesita trabajar duro; aquí está la fortaleza.
Sello	Cara	Sello	Cara	Es época para viajar y para expandirse.
Sello	Cara	Cara	Sello	Esconderse de la realidad; mucha calma.
Sello	Sello	Cara	Sello	Alta espiritualidad; inocencia.
Sello	Cara	Sello	Sello	Es el momento para pensar antes de actuar.

Las monedas astrológicas

Se puede obtener una lectura astrológica interesante cuando se toman diez monedas que representen a los planetas y luego se dejen caer sobre el diagrama de las casas del zodiaco. (Vea el diagrama en la página siguiente).

Vamos a llamar a las diez monedas A, B, C, D, E, F, G, H, I y J y a establecer una equivalencia con los planetas:

A = Sol: Un planeta masculino, lleno de vitalidad. Determinación pero mucha bondad; mucho corazón; capaz de amar inmensamente. Una figura autoritaria, que avanza en la vida.

B = Luna: Una figura femenina. Muy sensible y emocional. Doméstica. Amante del agua. Patriótica e interesada en el bienestar público.

C = Mercurio: Una mente extremadamente activa. Bueno para la investigación, la exploración, el análisis y para establecer juicios. Asociado con escritores, maestros y oradores.

D = Venus: Femenino; extremadamente romántico. Asociado con la amistad, la atracción física, el ánimo de pacificación, los sentimientos y el placer. Asociado con músicos, joyeros, actores, artistas y enfermeras.

E = Marte: Acción, energía y coraje. Puede llegar a ser brutal y celoso. Algunas veces resulta en la causa de problemas sexuales. Impulsivo, leal y temeroso ante lo desconocido. Asociado con la milicia, los cirujanos, deportistas y artesanos.

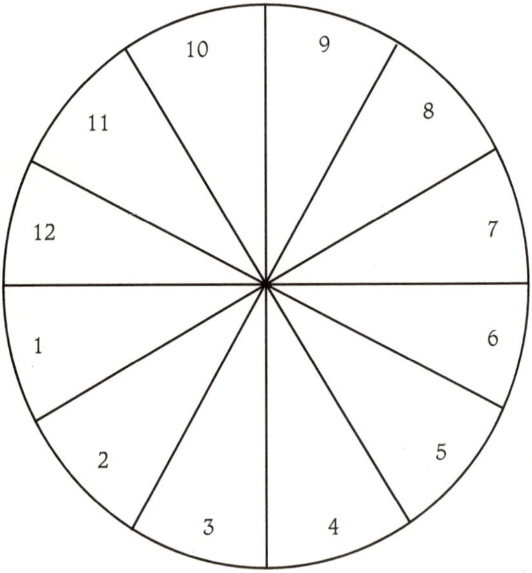
10
9
11
8
12
7
1
6
2
5
3
4

F = Júpiter: Armonía, ley, educación, normas morales y fe religiosa. La verdad está por delante. Buen humor, conocimiento y la habilidad de educarse a sí mismo; lee para aprender. Asociado con banqueros, jueces y personas eclesiásticas.

G = Saturno: Inhibido, perseverante y precavido. Con frecuencia frustrado, reservado y taciturno. Asociado con la ley, la minería, los trabajos de impresión, la odontología, la construcción, los bienes raíces, los artículos de segunda mano, la agricultura y la muerte.

H = Urano: Excitable y errático. Con tendencia para ser sarcástico. A menudo demasiado poderoso. Afinidad con la naturaleza y también con los objetos técnicos. Asociado con los electricistas, los inventores y los astrólogos. Muy llevado hacia lo sobrenatural.

I = Neptuno: Inclinación hacia el misticismo y la individualidad. Sabe pero no habla. Puede ser capaz de llevar a cabo una violación e, inclusive, hasta llegar a cometer un asesinato. Algunas veces vago o confundido. Asociado con los restaurantes, los bares, la prostitución, los narcóticos, la navegación, el océano, la enfermería y la publicidad.

J = Plutón: Asociado con los jóvenes y los niños. Personas que quieren las cosas a su manera. Los líderes. Una aversión hacia las leyes. Asociado con los deportes, las aficiones, las actividades al aire libre, los actores y los políticos.

Puede ser de utilidad el grabar cada una de las monedas con su respectivo símbolo planetario (vea el capítulo cinco), de otra manera usted necesitará usar lápiz y papel para no olvidarse de qué es lo que va en cada uno de los lugares y cuáles son los significados. Asígnele una moneda a cada uno de los planetas, luego agítelas y por último déjelas caer encima del dibujo que representa las casas del zodiaco.

La casa 1 está asociada con la imagen que usted tiene de sí mismo y con el papel que usted asume en la vida durante sus años de formación. La parte del cuerpo que está asociada es la cabeza.

La casa 2 es la casa de las posesiones materiales. La parte del cuerpo: el cuello.

La casa 3 está relacionada con las relaciones entre hermanos, con las comunicaciones y los viajes cortos. Las partes del cuerpo: los hombros, los brazos y los pulmones.

La casa 4 es la del hogar, la de la niñez y de sus raíces. También está relacionada con su madre y la vejez. La parte del cuerpo: el pecho.

La casa 5 es la casa de la creatividad y de los niños, del amor y el entretenimiento. Las partes del cuerpo: el corazón y el sistema circulatorio.

La casa 6 tiene que ver con su capacidad para trabajar y con su salud. La parte del cuerpo: la parte alta del abdomen.

La casa 7 es la que se ocupa de las sociedades, de los negocios y del amor y el matrimonio. Las partes del cuerpo: la parte más baja del abdomen y el sistema digestivo.

La casa 8 es el nacimiento, la muerte, la regeneración y los recursos de las demás personas. Aquí se encuentran también la transformación y los aspectos relacionados con lo sobrenatural. La parte del cuerpo: los órganos reproductores.

La casa 9 es la casa de la educación, de la religión, de la filosofía y de los viajes, incluyendo los viajes largos. La parte del cuerpo: los muslos.

La casa 10 es la de las carreras profesionales y el éxito social. También está relacionada con el infierno. La parte del cuerpo: las rodillas.

La casa 11 es la de los grupos y las sociedades; la de los ideales y aspiraciones. Sus esperanzas, sus deseos y sus amigos. Las partes del cuerpo: las pantorrillas y los tobillos.

La casa 12 es la casa de las cosas "que deben permanecer bajo llave"; su mente inconsciente. También está relacionada con el karma, con los enemigos secretos y los hospitales. La parte del cuerpo: los pies.

Al lanzar las monedas, usted va a obtener las posiciones de los planetas en las casas. No todas las monedas caerán dentro de la rueda (haga la rueda de un tamaño apropiado de tal manera que varias monedas caigan dentro de ella). Ignore aquellas que caigan fuera del círculo —solamente lea las que hayan caído dentro de éste—. Cuando la moneda caiga con la imagen de la cara hacia arriba, se puede interpretar como una señal de buenos indicios; si queda mostrando la imagen de un sello, entonces se trata de lo que se conoce en términos astrológicos como una "aflicción baja". Un buen libro de astrología le dará los significados completos acerca de los planetas a través de las doce casas, sin embargo, aquí menciono los significados básicos.

El Sol en la primera casa: Una tendencia introspectiva. Hay posibilidad de egoísmo. Los buenos indicios (las caras) muestran una buena salud; las aflicciones (los sellos) muestran que existe la posibilidad de mala salud.

El Sol en la segunda casa: Está enfocado en las finanzas, con la urgencia de ganar más dinero. Deseo de riqueza material, de tal manera que tenga mucho cuidado de volverse posesivo. Oblíguese a compartir con los demás.

El Sol en la tercera casa: Orador fascinante y escritor competente. La comunicación es importante. Interés en la educación. Trate de no ser impaciente; desarrolle la persistencia.

El Sol en la cuarta casa: Los buenos indicios muestran felicidad en cuanto a la vida del hogar, mientras que las aflicciones representan disgustos. Existe tendencia a ser introspectivo. Fuertes lazos familiares. Búsqueda de la seguridad.

El Sol en la quinta casa: Muy positivo. Existe un inmenso júbilo proveniente del hogar, de la familia y de la vida en general. Afinidad con los niños. Búsqueda de romance y de poder. Tenga mucho cuidado de no tomar ningún riesgo, sobre todo con las finanzas de la familia.

El Sol en la sexta casa: Buenos indicios de una excelente salud. Habilidad para la buena organización. Oportunidad de progresar en los negocios. Las aflicciones podrían indicar que resultaría inadecuado para el liderazgo y la dirección de otras personas. Puede resultar exigente con sus compañeros de trabajo.

El Sol en la séptima casa: Excelentes para establecer sociedades, ya sean de negocios o personales, aunque existe una tendencia de que dominen las sociedades. Considere el estatus social como un elemento importante.

El Sol en la octava casa: Un profundo interés por los asuntos relacionados con la metafísica, lo sobrenatural y la Nueva Era. Posibilidades de involucrarse en los aspectos financieros de otras personas. Posibilidad de recibir una herencia.

El Sol en la novena casa: Deseo de estudiar, el cual debe ser perseguido. Facilidad para aprender idiomas extranjeros. Posibilidad de viajar al extranjero. Necesidad de seguridad.

El Sol en la décima casa: Absorción en la carrera, lo cual le trae goce y satisfacción. Deseo de tener éxito; puede ser emprendedor. Tenga cuidado de no descuidar otros aspectos importantes en su vida (una fuerte tendencia de hacerlo en caso de existir alguna aflicción).

El Sol en la decimaprimera casa: Oportunidad de ser elegido para un puesto gubernamental. Indicios positivos para este trabajo. Buena oportunidad para demostrar habilidades organizacionales. Crecimiento de una amistad y de la experiencia de aprendizaje, pero tenga cuidado de no convertirse en una persona argumentativa.

El Sol en la decimasegunda casa: Introvertido, particularmente en lo que tiene que ver con los negocios. Trabajo discreto. Trabajo médico que vale la pena. Época inapropiada para compartir todos sus pensamientos con sus socios.

La Luna en la primera casa: La naturaleza maternal es fuerte. La imaginación es buena. Hay una agudeza en los asuntos relacionados con los negocios. Puede ser tenaz en este momento. Tenga cuidado de no convertirse en una persona de pocas perspectivas. Su temperamento puede variar.

La Luna en la segunda casa: Instinto para ahorrar dinero. Existen fluctuaciones en los ingresos en este momento. Debe aprender a presupuestar.

La Luna en la tercera casa: Cambios en la experiencia de la educación. Necesita comunicarse. Actitud protectora hacia los hermanos más jóvenes. Disposición para viajar.

La Luna en la cuarta casa: Las aflicciones muestran una actitud de mucho apego hacia los niños. Existe la inclinación de venerar los ancestros; interés por la historia. Urgencia para redecorar o, inclusive, por una reubicación.

La Luna en la quinta casa: La actividad deportiva, posiblemente lo está conduciendo hacia la fama. Hay interés por los juegos de azar; sea precavido si aparecen aflicciones. Amor por los niños y por las familias grandes. Asuntos relacionados con el amor.

La Luna en la sexta casa: La higiene y la limpieza —sobre todo en el hogar— es muy importante. La vitalidad se reduce. Intente no ser demasiado crítico con respecto al estilo de trabajo de las demás personas.

La Luna en la séptima casa: Deseo por obtener el éxito social. Preocupación por su nivel social. Necesidad de un compañero, aunque siempre atrae a los compañeros malhumorados. Énfasis en relaciones con mujeres. Preocupaciones que indican inestabilidad en los negocios. Los buenos indicios señalan que existe firmeza en cuanto al estado de los negocios.

La Luna en la octava casa: Preocupación con el sexo. Interés en la vida después de la muerte. Posiblemente se involucrará en las finanzas públicas. Poderes psíquicos.

La Luna en la novena casa: Interés en los viajes. Interés en la historia antigua y, en particular, en las lenguas muertas. Posible reubicación o viajes al extranjero. Considere cambios en las ideas religiosas.

La Luna en la décima casa: Se consideran cambios en cuanto a la ocupación. Preocupación por su reputación; búsqueda de reconocimiento. Posiblemente gozará de una breve fama. Las preocupaciones indican pérdida de la privacidad.

La Luna en la decimaprimera casa: Gran número de amigos y conocidos. Diversidad de intereses. Buenos indicios de interés profundo e involucramiento en una variedad de sociedades y asociaciones. Las preocupaciones indican intereses pasajeros e involucramiento superficial.

La Luna en la decimasegunda casa: Búsqueda de tregua o receso sabático. Necesidad de jubilación, aunque temporal. Retírese hacia la imaginación: resulta perjudicial cuando hay preocupaciones pero beneficioso cuando aparecen los buenos indicios. Fuertes habilidades síquicas y habilidades como médium.

Mercurio en la primera casa: Énfasis en la energía intelectual. Alta tensión con reacciones rápidas. Si se preocupa, tenga cuidado de no volverse demasiado egoísta. Excelentes habilidades de comunicación.

Mercurio en la segunda casa: Fuerte aptitud para los negocios. Habilidades financieras. Excelente poder para negociar. Potencial para convertirse en un vendedor muy bueno.

Mercurio en la tercera casa: Activo e inquieto. Cambios en el amor. Búsqueda de oportunidades para viajar. Intelectual. Conversador. Si le acoge una preocupación, su sistema nervioso estará en riesgo.

Mercurio en la cuarta casa: Estudio y trabajo en el hogar. Tendencia por conservar cosas viejas e inútiles. Domesticación en forma exagerada.

Mercurio en la quinta casa: Bueno para los juegos que tengan que ver con actividad y estrategias mentales. Creativo. Habilidad para la enseñanza. Hay buenas relaciones con las personas jóvenes y con los niños.

Mercurio en la sexta casa: Tenga cuidado con la ansiedad mental. Preocupación excesiva por asuntos relacionados con la salud. Posibilidad de problemas intestinales. Si se aflige, existen tendencias autodestructivas.

Mercurio en la séptima casa: Atraído hacia personas más jóvenes que usted. Necesita estímulo intelectual, especialmente por parte de sus socios. Existen intereses científicos, literarios y artísticos.

Mercurio en la octava casa: Interés por lo sobrenatural. Si se presentan aflicciones, existe preocupación por la muerte. Inclinación científica. Lea con cuidado las letras pequeñas antes de firmar cualquier documento.

Mercurio en la novena casa: Intuitivo. Su mente permanece abierta y hay interés por los viajes. Atracción hacia los idiomas, así como al alto nivel educativo.

Mercurio en la décima casa: Carrera en el campo de la publicidad, o algo relacionado con el mundo literario que podría ser beneficioso. Buenas comunicaciones. Manténgase ocupado o la inquietud lo dominará.

Mercurio en la decimaprimera casa: Si hay aflicción, tenga cuidado con los amigos desconfiables. Necesita estimulación mental. Busque una vida socialmente activa.

Mercurio en la decimasegunda casa: Tendencia por la fantasía, Trate de ajustarse a la realidad. Se preocupa más de la cuenta. Procure no guardar demasiados secretos. Atracción hacia el misticismo.

Venus en la primera casa: Encantador, guapo y sexy. Si existe una aflicción, puede llegar a convertirse en una persona demasiado egoísta, perezosa y caprichosa. Aficionado a la música y al teatro.

Venus en la segunda casa: Obsesionado por las adquisiciones. Extravagante. Sociable y amante del placer. Capacidad para mejorar las finanzas.

Venus en la tercera casa: Buenas relaciones con sus hermanos. Excelente expresando sus ideas. Disposición alegre. Habilidad para estudiar.

Venus en la cuarta casa: Habilidad para la decoración de interiores. Capacidad para expresar las ideas. Amor por los viajes. Tenga cuidado con la extravagancia.

Venus en la quinta casa: Disfruta de los deportes, los juegos, la creatividad y las artes. Hay una inclinación hacia el deseo de entablar relaciones sexuales. Habilidad musical. Disfruta a los niños.

Venus en la sexta casa: Disfruta de buena salud. Se lleva bien con sus compañeros de trabajo. Aficionado a los animales. Muy buena salud.

Venus en la séptima casa: Si está bajo la influencia de un buen indicio, es un momento excelente para empezar una sociedad (de negocios o personal). Si hay una aflicción, se puede materializar un complejo de persecución.

Venus en la octava casa: Posibilidad de adquirir una herencia. Fuerte inclinación hacia lo sexual. Satisfecho si se realiza con buen aspecto, pero frustrado si se preocupa.

Venus en la novena casa: Amante de los viajes y de las buenas relaciones interpersonales con los extranjeros. Idealista y comprensivo. Puede desarrollar interés en lo relacionado con la religión. Matrimonio feliz y tranquilo.

Venus en la décima casa: Popular. Exitoso en los negocios; las ambiciones se realizan. Si está bajo un buen indicio, hay buenas relaciones con los padres, pero si existen aflicciones, entonces hay problemas.

Venus en la decimaprimera casa: Las amistades podrían conducirlo hacia ganancias y ventajas. Es una buena época para trabajar con grupos y organizaciones. Muchos amigos.

Venus en la decimasegunda casa: Necesidad de estar solo durante algún tiempo. Amor hacia los animales. Un posible asunto de amor. Interés por lo sobrenatural.

Marte en la primera casa: Libertad en el amor. Pionero. Dele una positiva e inmediata contestación a las situaciones que se generan. Si hay aflicción, puede tratarse de alguien pendenciero, agresivo, y falto de prudencia.

Marte en la segunda casa: Puede ganar dinero de manera rápida, pero también puede perderlo rápidamente. Aprenda a presupuestar y a planear. No intente aparecer como el gran gastador.

Marte en la tercera casa: Tenga cuidado al tomar demasiados riesgos. No siempre funciona la lógica; se apresura demasiado. Si hay aflicción, tenga cuidado de la tendencia a convertirse en alguien demasiado agresivo.

Marte en la cuarta casa: Si hay buenos indicios, se encontrará disponible y realizará trabajos en casa. Si está preocupado, hay un anhelo por escaparse y ser independiente. Se pueden presentar posibles pérdidas en lo relacionado con bienes raíces.

Marte en la quinta casa: Mantenga buenas relaciones con los niños. Tenga cuidado con el deseo constante por los juegos de azar. Tenga cuidado con la tendencia hacia la auto complacencia.

Marte en la sexta casa: Cuide su salud; en este momento está predispuesto a la fiebre, las inflamaciones, los cortes y las heridas pequeñas. Trabajador bueno e industrioso. No presione tanto a los compañeros de trabajo.

Marte en la séptima casa: Los buenos indicios muestran energía y cooperación de parte de los socios. Bajo aflicción indica riñas y desilusiones. Puede perder a su compañero.

Marte en la octava casa: Asuntos relacionados con aseguradoras. Hay interés por la cirugía. Si hay buenos indicios, sus deseos sexuales serán fuertes en este momento. Si hay aflicción, podría haber dificultades en asuntos relacionados con la ley.

Marte en la novena casa: Amor por los viajes, pero tenga cuidado con un posible peligro en un viaje al extranjero. Buen tiempo para involucrarse con el deporte. Mentalmente dispuesto.

Marte en la décima casa: Mucha energía. Muy ambicioso, con un gran deseo de convertirse en su propio jefe. Si existen preocupaciones, tendrá problemas con sus padres.

Marte en la decimaprimera casa: Mucha actividad con los amigos, pero éste es un momento en el que podría llegar a perderlos, así que intente controlar el comportamiento impulsivo. Mucha energía y entusiasmo.

Marte en la decimasegunda casa: Muchos secretos. Si hay buenos indicios, significa un gran deseo de ayudar otros. Si hay aflicción, posible pérdida de reputación. Tenga cuidado con la alevosía.

Júpiter en la primera casa: Capacidad para inspirar otros y poseer gran vitalidad. Si hay buenos indicios, usted puede ser optimista, generoso y leal. Si hay aflicciones puede ser derrochador, engreído y auto-complaciente.

Júpiter en la segunda casa: Exitoso en las finanzas, aunque inclinado hacia la extravagancia. Bajo aflicción, sea cuidadoso con sus asuntos financieros.

Júpiter en la tercera casa: Buenas relaciones familiares, sobre todo con sus hermanos. Disfruta del aprendizaje. Interés en la literatura y en los viajes. Buena comunicación.

Júpiter en la cuarta casa: Amor por la pompa y ceremonia. Buenas condiciones en el hogar. Posible vanidad y falta de perspectiva.

Júpiter en la quinta casa: Amante del placer. Disfruta del arte, la literatura y el teatro. Posee habilidad para el deporte. Si hay buenos indicios, tal vez podría tomar algunos riesgos financieros y observar buenos resultados. ¡Si hay aflicciones apártese de los juegos de azar!

Júpiter en la sexta casa: Buena salud, pero si existen aflicciones, puede inclinarse hacia la hipocondría. Conserve los buenos hábitos de alimentación. Fiel y cooperativo. Si está bajo buenos indicios, el aumento de trabajo incrementa las finanzas.

Júpiter en la séptima casa: Bueno para las sociedades comerciales. No necesariamente resulta en una vida feliz en el hogar. Si hay aflicciones, necesita ejercer control estricto cuando las relaciones extramaritales lo atraigan.

Júpiter en la octava casa: Posible herencia, ya sea dinero o alguna propiedad. Existe interés en la vida después de la muerte. Habilidad para ocuparse de las finanzas de otros.

Júpiter en la novena casa: Optimista, lógico y de mente abierta. Es un buen momento para el estudio y para los viajes. Tiempo excelente para ofrecer conferencias.

Júpiter en la décima casa: Puede ser influyente, sobre todo en los negocios y en la política. Hay éxito en su carrera, con buenas retribuciones financieras. Podría tener éxito en la actuación.

Júpiter en la decimaprimera casa: El gozo proviene de un gran número de amigos y de conocidos. Popular, con una gran vida social. Los planes se vuelven realidad.

Júpiter en la decimasegunda casa: Afloran los poderes psíquicos. Puede ayudar a los demás sin necesidad de ser reconocido. Este es el mejor momento para ser filantrópico.

Saturno en la primera casa: Seguro de sí mismo. Persistente. Si existe la aflicción, es posible que la salud se vea afectada. Tenga cuidado con las inhibiciones que limitan su propio estilo. Si hay un buen indicio, sea constructivo y muéstrese sólido y confiable.

Saturno en la segunda casa: Va a tener que trabajar duro para ganar dinero —¡nada es gratuito!—. Sin embargo, usted aprenderá y se desarrollará a partir de este hecho. Aprenda a presupuestar.

Saturno en la tercera casa: Es probable que se haga cargo de responsabilidades relacionadas con sus hermanos. Podrían presentarse dificultades asociadas con la educación. Habilidad para trabajar con sus problemas y encontrar soluciones.

Saturno en la cuarta casa: Ansiedad por la proximidad de la vejez. Usted se siente restringido en su vida del hogar. Aprenda a disciplinarse a sí mismo.

Saturno en la quinta casa: Dificultades con los niños y con su padre. Hay poco sentido del humor. Si hay aflicciones es que existen inhibiciones de tipo sexual.

Saturno en la sexta casa: Es posible que no esté disfrutando por completo de su trabajo, pero usted es bueno para eso. Si hay aflicción, podría padecer de depresión e incluso podría afectar su salud. Trate de no desalentarse.

Saturno en la séptima casa: Hay un retraso en el matrimonio o en planes para una sociedad. Ambicioso pero necesita aprender a ser más afectuoso. Leal y consciente.

Saturno en la octava casa: Afloran los poderes psíquicos. Si hay aflicción, puede volverse una persona malhumorada y corta de opinión. Si hay buenos indicios será responsable y podrá ocuparse de los problemas con un mínimo esfuerzo.

Saturno en la novena casa: Científico y estudioso. Frustración debido a la falta de educación. Bueno para el estudio pero, si existe aflicción habrá tendencia al agotamiento mental. Una pérdida relacionada con un viaje largo.

Saturno en la décima casa: Capaz para defender una posición responsable pero, si hay aflicción puede llevar un resentimiento que no le va a ayudar. Usted requiere reconocimiento pero siente la soledad.

Saturno en la decimaprimera casa: No disfruta de una gran cantidad de amigos pero los que tiene son buenos y leales; muchos de ellos son mucho más viejos. Hay una frecuente lucha mental con los problemas.

Saturno en la decimasegunda casa: Un período de tranquilidad —casi de desencanto—. Se va a sentir mórbido (especialmente bajo aflicción) y buscará el aislamiento. Sentirá el peso del mundo sobre sus hombros, pero ese pensamiento existe principalmente en su propia mente.

Urano en la primera casa: Independiente e inventivo con aprendizajes científicos. Amante liberado pero algo errático. Si existe aflicción, puede ser terco y es posible que existan problemas para llevarse bien con los demás. No le gustan las restricciones. Excéntrico.

Urano en la segunda casa: Hay buenas noticias financieras. Si hay buenos indicios, estos avances podrían llegar a ser duraderos. Descubre maneras diferentes para ganar dinero.

Urano en la tercera casa: Llegan muchas ideas súbitas y nuevas. Amor por los viajes. Si hay aflicciones puede hablar demasiado y las ideas resultan demasiado vagas.

Urano en la cuarta casa: Posibilidad de reubicación. Agitaciones domésticas. Necesidad de seguridad emocional. Bajo aflicción, puede ocasionar problemas.

Urano en la quinta casa: Amor por el azar y la especulación. Capaz de inspirar a otros. El aspecto romántico cambia constantemente, con visiones no convencionales sobre el sexo.

Urano en la sexta casa: Fuertes tensiones. Susceptible a tener problemas de circulación que se pueden desarrollar de repente. Trabajador impredecible. Si existe aflicción, tendrá dificultades con los compañeros de trabajo.

Urano en la séptima casa: Creyente en el amor libre y en los matrimonios abiertos. Como un compañero que puede resultar excéntrico. Tenga cuidado con casarse o con ingresar en una sociedad, en una forma demasiado rápida. Bajo aflicción, tiene tendencia hacia la crueldad.

Urano en la octava casa: Interés por la vida después de la muerte y con visiones no convencionales con respecto a este tema. Habilidades psíquicas. Si hay buenos indicios, es posible que reciba dinero proveniente de una fuente poco usual e inesperada. Si existe aflicción, puede sufrir pérdidas financieras.

Urano en la novena casa: Tenga cuidado: usted está susceptible a sufrir un accidente en este momento. Tenga cuidado con una depresión nerviosa. Tiene la urgente necesidad de viajar pero, si hay aflicción, es posible que sufra el accidente mientras viaja. Si hay buenos indicios, podría encontrar acontecimientos especiales y excitantes mientras viaja.

Urano en la décima casa: Dificultad para seguir las órdenes de otros. Piensa trabajar independientemente. Sabe planear y podría resultar buen líder. Interesado en las carreras poco comunes. Independiente y original.

Urano en la decimaprimera casa: Disfrute las sociedades y las organizaciones; se le ocurren diferentes ideas para la reforma de tales grupos. Los amigos vienen y se van sin que usted, se dé cuenta.

Urano en la decimasegunda casa: Tenga cuidado con los desengaños y la alevosía alrededor de usted. Atracción hacia lo poco convencional. Si hay aflicción, los intereses podrían causarle malos entendidos y arriesgar su reputación.

Neptuno en la primera casa: Hay necesidad de ser firme y decisivo. Es muy fácil dejarse llevar por los sueños. Establezca objetivos definidos planee para el futuro. Trate de pensar positivamente.

Neptuno en la segunda casa: Tendencia a gastar el dinero en artículos innecesarios y frívolos. Las finanzas están inciertas en este momento, así que haga lo posible por presupuestar de manera cuidadosa.

Neptuno en la tercera casa: Gran interés por los asuntos sobrenaturales. Imaginativo e intuitivo. Fallas para expresar su propio bienestar o para mostrar sus emociones. Procure desarrollar su concentración.

Neptuno en la cuarta casa: Esté pendiente de los robos, aumente la seguridad. Disfrute de ambientes artísticos. Si existen aflicciones, podrían presentarse malos entendidos con su familia.

Neptuno en la quinta casa: Las fallas de los seres amados no se reconocen. Exceso en los placeres sensuales. Inspiración proveniente de las películas y de la televisión. Susceptibilidad para la seducción.

Neptuno en la sexta casa: Desorganizado. Adora estar solo. Necesita servirle a los demás, de alguna manera. Si existe aflicción, tenga cuidado con intoxicaciones y con situaciones poco comunes en su salud.

Neptuno en la séptima casa: Necesidad de compañía, pero resulta difícil escoger a un compañero. Dificultad al juzgar el carácter de los demás. Si hay aflicción, pueden existir problemas. Posible desilusión en el matrimonio.

Neptuno en la octava casa: Intuición poderosa. Buena imaginación. Las finanzas, sobre todo aquéllas que involucran a un socio, podrían mostrar fluctuaciones inesperadas.

Neptuno en la novena casa: Fuertemente imaginativo. Muy interesado en viajar. Usted forma sus propias filosofías. Intuitivo.

Neptuno en la décima casa: Artístico. Le atraen las carreras poco usuales. Capacidad para hacerse famoso. Buen sentido de liderazgo. Posibilidades de cambio de carreras.

Neptuno en la decimaprimera casa: Tenga cuidado con las decepciones y los fraudes. Fácilmente puede llegar a verse arrastrado hacia el mal camino. Abierto a la seducción.

Neptuno en decimasegunda casa: Prevalece la creatividad. Habilidades artísticas, sobre todo en el campo de la poesía. Es intuitivo y psíquico. Si existe aflicción, es susceptible a engañarse a sí mismo y a vivir en un mundo de fantasías.

Plutón en la primera casa: Escéptico, necesita pruebas. Idealista, imaginativo y sensible. Si existe aflicción, tenga cuidado con las crisis, ya sean menores o mayores, con los cambios y con las desavenencias.

Plutón en la segunda casa: Las finanzas son inestables. No sea demasiado derrochador con su dinero. Las cosas lo atraen por su apariencia estética. El ingreso puede provenir de más de una fuente.

Plutón en la tercera casa: Celos insignificantes dentro de su familia. Sea menos sensible. Fuerte intuición. Usted tiene una mente investigadora.

Plutón en la cuarta casa: Gran interés en la historia de la familia. Tendencia a ser desaliñado en el hogar. Si existe aflicción, experimentará disgustos repentinos en la vida familiar. Aprenda a cooperar con otros miembros de la familia; no sea dictatorial.

Plutón en la quinta casa: Disfruta de los videos y el cine. Amor por la aventura. Tenga cuidado con las tendencias hacia los juegos de azar. Si existe aflicción, puede llegar a convertirse en una persona celosa y dominante.

Plutón en la sexta casa: Interés en el campo médico. Tenga cuidado de no abusar de las drogas que le sean prescritas. Fíjese bien en lo que come, podría contraer una intoxicación. No espere demasiado de los demás.

Plutón en la séptima casa: Aprenda a trabajar en equipo. Posibilidad de gran cambio en su vida, debido a la influencia de otra persona. Puede llegar a verse involucrado con un compañero religioso o artístico.

Plutón en la octava casa: Varias crisis pequeñas, incluyendo las dificultades económicas. Busque ayuda profesional con sus finanzas. Poderosa intuición e imaginación.

Plutón en la novena casa: Disposición para viajar en busca de aventuras. Involucrado con lo sobrenatural. Si existen aflicciones, manténgase alejado del fanatismo religioso.

Plutón en la décima casa: Una variedad de oportunidades con su carrera, incluyendo los cambios. Esfuerzo por conseguir independencia. Tenga cuidado de no convertirse en dictador. Manténgase alejado de los escándalos.

Plutón en la decimaprimera casa: Necesidad de cambiar el mundo. Podría verse atrapado en cultos y en la histeria. Examine cuidadosamente cualquier exigencia de los demás. Hay muchos buenos amigos pero, si existen aflicciones, podría verse arrastrado hacia el mal camino por culpa de ellos.

Plutón en la decimasegunda casa: Extremadamente sensible. Intente comprender a los demás antes de juzgarlos. Si existen aflicciones, está propenso a la tensión nerviosa y a celos insignificantes.

Nota: Si una moneda cae en la línea que divide dos casas, significa que está "en la cúspide", y será necesario leer lo que significan las dos casas.

Parte tres

Monedas para el tarot y para el dominó

ES INTERESANTE VER como las monedas se pueden usar de manera similar a las cartas del tarot y al dominó; se pueden usar para determinar la respuesta a una pregunta o para una lectura general de lo que el futuro nos depara. Esto es el equivalente a tomar las cartas del tarot y leerlas para obtener una idea de las fuerzas que trabajan a su alrededor.

El efecto del tarot

Escoja catorce de cuatro diferentes tipos de monedas: catorce A, catorce B, catorce C y catorce D. Coloque las cincuenta y seis monedas en un frasco grande (una pecera es apropiada para esto), una caja, u otro recipiente. Agítelas, y asegúrese de revolverlas bien.

Después de pensar su(s) pregunta(s), tome un puñado de monedas. Sáquelas y colóquelas sobre la mesa. Sepárelas en sus cuatro denominaciones. Usted podría (por ejemplo) tener ocho A, tres B, diez C y dos D. Dentro de estos grupos, usted podría tener tres caras y cinco sellos de A, dos caras y un sello de B, cuatro caras y seis sellos de C y dos sellos de D.

Para interpretarlas, usted puede igualar cada una de las denominaciones con cada uno de los palos de la baraja del tarot. Por ejemplo, A es copas, B es bastos, C es oros y D es espadas. (Decida de antemano cuál es cuál. Yo le recomendaría que mantenga siempre las mismas correspondencias). Las caras son cartas ubicadas al derecho y los sellos son cartas invertidas. Así, el puñado de monedas le ha presentado el equivalente al 3 de copas derecho, el 5 de copas invertido, el 2 de bastos derecho, el as de bastos invertido, el 4 de oros derecho, el 6 de oros invertido y el 2 de espadas derecho.

Miremos los significados del tarot con el fin de leer estas monedas:

Las copas

As: Fertilidad; productividad. Comienzos. Amor y alegría.

Invertido: Falsas esperanzas; inestabilidad; vacilación.

Dos: Equilibrio. Asociación en los negocios o en el amor. Reciprocidad. Amistad.

Invertido: Un malentendido. Asociación inestable.

Tres: Éxito; abundancia; suerte y buena fortuna. Momento para la celebración. Buena hospitalidad.

Invertido: Exceso. Frustración de sueños justo cuando parecían alcanzables.

Cuatro: Insatisfacción. frustración. Desprecio. Decepción. Momento para la reevaluación.

Invertido: Una ambición renovada e ideas nuevas. Puertas que se abren.

Cinco: Pesimismo. Absorción en las pérdidas, olvidándose de las Ganancias. Rompimiento de relaciones. Pérdida de la amistad. Absorción en el pesar.

Invertido: Un nuevo despertar. El retorno de un amigo o un amante perdido. Optimismo.

Seis: Recuerdos del pasado, particularmente de la niñez. Una relación renovada con un amigo de la infancia. Planes para el futuro. Ideas nuevas; entusiasmo renovado. Regalos, dados y recibidos. Placer; felicidad.

Invertido: Obsesión enfermiza con el pasado. Necesidad de actualizarse; llevar la vida a la par con la realidad. Posible herencia de origen ya olvidado.

Siete: Misterio. Sueños que se vuelven realidad. Un giro inesperado de eventos. Ilusión; falsa percepción. Cuidado con las decepciones.

Invertido: Opciones ilimitadas. Necesidad de seguimiento al éxito inesperado.

Ocho: Un buen inicio. Saliendo de éxitos pasados para tomar una nueva dirección. Aventura y oportunidad. Abandonando el éxito material. En búsqueda de espiritualidad. Decepción amorosa que lo lleva a nuevas aventuras y a encontrar un valor de manera súbita.

Invertido: Nuevos intereses. Pasando de lo espiritual a lo material. Planes frustrados.

Nueve: Éxito material y satisfacción. Un momento para sentarse y disfrutar de los frutos de la labor. Reconocimiento y honor. Oportunidades ilimitadas.

Invertido: Quedarse corto en el alcance de metas. Promesas incumplidas. Envidia de otros. Celos. Sueños frustrados.

Diez: Buenaventura y felicidad absoluta. Amigos cercanos y familia. Sueños cumplidos. Éxito en todas las cosas. Compartir compañía. Fertilidad y expansión.

Invertido: Pérdida de un amor y amigos. Traición. Una meta casi lograda pero no realizable. Restricción. Encarcelamiento.

Escudero (11): Noticias de un(os) recién llegado(s). Posibilidad de nuevos inicios. Órdenes para llevar a cabo. Servicio al prójimo.

Invertido: Malas noticias. Superficialidad. Desviándose del camino a seguir. Obstáculos inesperados.

El caballero (12): Una propuesta, proposición o invitación. Oportunidad para unir fuerzas. Oportunidad. Posibilidad de expansión. Un mensaje en camino.

Invertido: Fraude; engaño. Cuidado con las tentaciones. Tenga especial cuidado con cualquier clase de contrato. Sensualidad. Diversión.

La reina (13): Previsión. Una mujer con visión. Lealtad y dedicación. Seguridad. Placer. Una persona (probablemente una mujer) con excelente juicio en la autoridad. Buena planificación y de gran alcance. Habilidad para los negocios; bienes raíces.

Invertido: Inestabilidad. Alguien en quien no se puede confiar. Deshonestidad o incompetencia. Fracaso de planes a largo plazo.

El rey (14): Un abogado o administrador hábil. Consideración; responsabilidad. Creatividad. Planes a largo plazo que involucran viajes. Generosidad; compasión.

Invertido: Un administrador dictatorial. Astuto al margen de convertirse en deshonestidad. Duplicidad. Calma ante las tormentas.

Los bastos

As: Abundancia. Fertilidad tratando de emerger. Ideas, invenciones y proyectos. Momento para empezar cualquier proyecto. Confianza y habilidad para empezar algo nuevo; siga una dirección diferente.

Invertido: Falsos comienzos y planes confusos. Cancelación de proyectos planeados. Infertilidad y esterilidad.

Dos: Un buen momento para hacer planes. Principios firmes, sobre todo en las relaciones. Deseos de viajar. Satisfacción. Riqueza, posición y prestigio.

Invertido: Frustración e inquietud. Inseguro de sus planes. Circunstancias cambiantes. Inconsistencia. Incertidumbre.

Tres: Compañeros y amigos. Apoyo. Animo. Atrévase a soñar. Esperanza. Confianza.

Invertido: Cautela, especialmente cuando le ofrezcan ayuda. Atento con la ambigüedad. No confíe en los demás.

Cuatro: Merecidas vacaciones. Posible romance o matrimonio. Ofrecimiento de una asociación. Paz y prosperidad. Oportunidad para celebrar.

Invertido: Necesidad de unas vacaciones. Frustración en el romance. Inconcluso. Soledad.

Cinco: Competencia. Tiene que esforzarse o luchar por lo que quiere. Obstáculos. Problemas legales. Puede perderse en una multitud. Necesita hacer valer sus derechos.

Invertido: Oportunidades. Una victoria a la vista. Reconocimiento. Fin de un período de lucha.

Seis: Victoria lograda con mucho esfuerzo. Reconocimiento y honores. Avance. Liderazgo. Agradecimiento. Electo para un puesto diplomático. Ascenso.

Invertido: Retraso inesperado de reconocimientos o unos pagos previstos. Fracaso inesperado. Pérdida de un empleo. Abuso de poder.

Siete: Oposición. Necesidad de enfrentar a sus oponentes cara a cara. Victorias pequeñas que conducen al éxito. Irritaciones constantes. Competencia feroz. Esté alerta y sea cauteloso con las personas que le quieran hacer daño.

Invertido: Amenazas en su contra. Indecisión. Debilidad. Posibilidad de perder el equilibrio.

Ocho: Mensajes de un lugar distante. Avance rápido. Un viaje, posiblemente por aire. Acercamiento o llegada. Necesidad de unas vacaciones. Tiempo para descansar y recuperarse. Noticias esperadas.

Invertido: Silencio . . . mensajes esperados no recibidos. Sentimientos de celos y estancamiento. Viaje cancelado.

Nueve: Tregua. Necesita un descanso en medio de la lucha. Una victoria menor con otras batallas en el futuro. Obstinación. Rehúsa a admitir fracaso. Necesita recuperación.

Invertido: Derrota amarga. Pérdida de reservas. Problemas de salud. Engaño. Maniobrable.

Diez: Sorprendente fortaleza; reserva inesperada. Lucha hasta el final. Victoria lograda con gran batalla. Exhausto. Juicio vano. Meta a la vista pero no necesariamente alcanzable. Realización de la pérdida de la juventud.

Invertido: Agotamiento de la fortaleza. Pérdida de apoyo. Cansancio. Sorprendentemente agotado.

Escudero (11): Un mensajero con buenas noticias. Amor por la belleza. Aspiraciones de grandeza. Irascible pero presto al amor. Orgullo.

Invertido: Crueldad. Inestabilidad. Malas noticias. Vanidad, egoísmo y narcisismo. Distracción.

El caballero (12): Entusiasmo juvenil. Energía. Listo para cualquier cosa. Buen amigo o amante. Cuidado con ser muy entusiasta; trate de no dejarse llevar. Emociones reprimidas. Impaciencia con restricción.

Invertido: Celos. Pérdida de energía. Desubicado, incapaz de decidir la dirección a seguir. Desinterés.

La reina (13): Bondad y generosidad. Maternalismo. Autoridad afectuosa. Negocio atractivo y manejo financiero. Amor por los animales. Domesticidad. Respeto. Éxito.

Invertido: Dominación. Venganza. Desconfiado. Falsas pretensiones.

El rey (14): Noble y leal. Hombre de familia. Honesto. Competente. Influyente. Matrimonio serio por lo menos con un hijo. Cercanía a la naturaleza.

Invertido: Cruel. Severo. De mal genio e intolerante. Abuso de autoridad.

Oros

As: Buenaventura. Comienzo de la prosperidad. Belleza. Placer. Amistad. ¡El mundo lo espera!

Invertido: Falsos comienzos. Las promesas se convierten en decepciones. Fracaso. Pérdida de la belleza. Codicia.

Dos: Destreza. Habilidad para manejar personas y situaciones. Necesita tomar una decisión. Sabiduría en la elección. Espontaneidad. Alegría. Sentido del humor. Deseo de viajar. Espiritualidad.

Invertido: Risa forzada. Torpeza. Decisiones difíciles por tomar. Noticias del extranjero.

Tres: Habilidades de supervisión. Habilidad artística. Habilidades manuales. Arte. Orgullo en el trabajo. Voluntad para seguir indicaciones.

Invertido: Carencia de habilidades. Pereza. Inhabilidad para dirigir. Ignorancia.

Cuatro: Economía. Herencia. Tenga cuidado con volverse avaro. Éxito material. Soledad y falta de amigos. Posición de autoridad. Victoria superficial.

Invertido: Derrochador. Incapacidad para aferrarse al dinero. Pérdida de riqueza material. Retrocesos financieros.

Cinco: Sin hogar, aunque sólo temporalmente. Destitución. Pérdida de riqueza material, amigos y hogar. Promesa imprevista de cosas buenas por venir. Abandono.

Invertido: Cambio lento de la mala suerte. Reciba caridad. Recobre las pérdidas. Posibilidades de futuro empleo.

Seis: Riqueza. Generosidad. Caridad. Voluntad para ayudar a los que son menos afortunados. Inversiones buenas. Bueno para tomar decisiones equilibradas.

Invertido: Ostentoso. Alarde de riqueza. Posibilidad de pérdida de riqueza. Soborno. Endeudamiento.

Siete: Descanse después de las labores. Recobra una inversión. Ansiedad. Aprehensión. vacaciones. Especulación.

Invertido: Pequeña compensación por arduas horas de labor. Frustración. Cancelación de planes.

Ocho: Trabajo constante. Labor de amor. Diligencia. Habilidad en los negocios. Orgullo en el trabajo. Aprendizaje. Empleo fijo. Vanas tareas.

Invertido: Incapacidad para vivir de acuerdo a sus ambiciones. Vanidad. Duplicidad. Falsificación.

Nueve: Ganancia de ocio y riqueza. Posición y autoridad. Momento para actos ociosos. Dinero para invertir en pasatiempos. Amor por jardines formales y paisajes.

Invertido: Necesidad de cautela. Posibilidad de robo. Pérdida súbita de riqueza y posición. Falta de tiempo para los asuntos personales.

Diez: Riqueza y posición. Posible herencia. Familia y muchos amigos. Jefe respetado en la casa o negocio. Expansión de inversiones. Recompensas después de años de servicio.

Invertido: Infortunio familiar. Pérdida del ingreso. Malas inversiones. Amigos poco confiables.

Escudero (11): Introversión. Tendencia a soñar despierto. Portador de buenas noticias. Invenciones e ideas. Amor por el campo y las actividades al aire libre. Habilidad para estudiar y aprender. Amor por los libros.

Invertido: Noticias malas con respecto a la pérdida de finanzas. Pérdida de tiempo. Distracción. Tendencia a distraerse.

El caballero (12): Paciencia. Confiabilidad. Solidez. Amistad buena y cercana. Apoyo disponible si es necesario. Nobleza. Aceptación de responsabilidad.

Invertido: Falta de responsabilidad. Inhabilidad para concentrarse. Timidez y temor. Pérdida de control.

La reina (13): La madre tierra. Confianza, amor y seguridad. Mínimo poder utilizado. Una mano de hierro cubierta de terciopelo. Generosidad y caridad. Introspección.

Invertido: Negligencia. Desconfianza. Miedo de tomar decisiones. Abuso de poder. Sospecha.

El rey (14): Financiero. Negociante oportuno. Matemático. Hombre de honor y confiabilidad. Temperamento firme.

Invertido: Jugador. Vanidad. Soborno. Descuidado. Derrochador. Podría estar involucrado en asuntos ilegales.

Espadas

As: Fertilidad. Potencial para todas las cosas. Triunfo sobre la adversidad. Fortaleza en el amor. Liderazgo.

Invertido: Esterilidad e infertilidad. Pérdida de liderazgo. Victoria sin valor.

Dos: Tiempo de decisión. Habilidad para juzgar cuidadosa y justamente, sopesando todas las alternativas. Equilibrio. Callejón sin salida. Ignorancia de posibles problemas. Aislamiento. Introspección.

Invertido: Movimiento rápido sin considerar la dirección. Juicio errado. Traición.

Tres: Problemas de amor. Celos. Rivalidad. Desafíos en los asuntos del corazón. Lágrimas y desilusión.

Invertido: Confusión. Pérdida. Reunión de amantes. Vacío.

Cuatro: Destierro. Soledad. Licencia de absentismo. Un largo y merecido descanso después de mucha actividad. Calma en las festividades.

Invertido: Descanso perturbado. Silencio intranquilo. Inactividad forzada.

Cinco: Victoria menor. Una batalla en la guerra. Derrota de los enemigos. Éxito a través del esfuerzo. Ascenso.

Invertido: Orgullo sin sentido. Posible derrota o pérdida. Victoria superficial. Debilidad.

Seis: Escape del conflicto. Reubicación. Retroceso para recuperarse y reorganizarse. Búsqueda de refuerzos. Es posible un nuevo comienzo.

Invertido: Estancamiento. Callejón sin salida. Los problemas empeorarán.

Siete: Éxito parcial, no total. Hábil. Cautela. Espionaje. Infiltración. Acción sin apropiada planeación. Situación inestable. Desconfianza.

Invertido: Principios sólidos. Confianza. Reatrincheramiento.

Ocho: Inhabilidad para moverse. Rodeado de peligros. Restricción. Prisionero. Iniciación. Desafío. Esclavitud.

Invertido: Libertad. Libre de ataduras. Conocimiento.

Nueve: Aparente derrota. Encarcelamiento. Retiro. Temor. Sufrimiento, agonía y pérdida. Miseria.

Invertido: Renovación. Curación. Renacimiento. Vacaciones.

Diez: Traición. Ruina y derrota. Fin de planes. Rechazo total. Colapso. Pérdida de todo lo que se guardaba con cariño.

Invertido: Aprendiendo de la experiencia. Recuperación después del colapso. Vencimiento de fuerzas enemigas.

Escudero (11): Diplomático. Empleado del gobierno. Cambio de funciones. Pretensión. Baile, música y artes.

Invertido: Impostor. Distracción. Fuerzas ocultas. Traidor.

El caballero (12): Avance Impetuoso. Fuerza sin pensamiento. Coraje inocente. Infortunio. Aliado inesperado. Fuerzas ocultas.

Invertido: Intimidación. Conducta poco apropiada. Devastadora destrucción. Tiranía.

La reina (13): Lamento. Bondad pero firmeza. Inteligencia. Sabiduría. Habilidad para gobernar y juzgar. Infertilidad.

Invertido: Chismes. Gobierno sin estructura. Disciplina flexible. Engaño. Desconfianza.

El rey (14): Fuerza y sabiduría. Posición e influencia. Consejo sabio. Ley y orden. Fuerza militar y disciplina. Pensamientos, ideas, invenciones y planes.

Invertido: Desconfianza. Sospecha. Planeación deficiente. Mala administración. Abuso de poder. Malicia.

Regresemos al ejemplo de sacar las monedas; tenemos el 3 de copas derecho, el 5 de copas invertido, el 2 de bastos derecho, el as de bastos invertido, el 4 de oros derecho, el 6 de oros invertido, y el 2 de espadas derecho. Basándonos en esto, podría resultar la siguiente lectura:

> Se aproxima un tiempo para la celebración, con gran éxito y buena fortuna. En esta celebración usted puede encontrar a un amigo, o incluso un amante, del pasado; alguien con quien usted había perdido el contacto. Hay motivos de gran optimismo. Este será un momento propicio para hacer planes para el futuro. Usted tiene principios firmes sobre los cuales se

puede construir algo, especialmente en lo que se refiere a las relaciones. Es probable que tenga deseos de viajar.

Sin embargo, prepárese para las salidas en falso y posiblemente para un tipo de cancelación. Debe cuidar su presupuesto pero sin volverse tacaño. Posibilidades de éxito material. Posteriormente puede existir un período de soledad.

Existe la posibilidad de alguna pérdida de riqueza, ¿quizás debido al endeudamiento? ¿Debe dinero? Tenga cuidado con ser ostentoso; no haga alarde de sus riquezas.

Se aproxima el tiempo para tomar decisiones. Usted tiene la habilidad para juzgar cuidadosa y justamente, analizando todas las posibilidades, pero tenga en cuenta posibles problemas en el futuro. La introspección siempre es sabia.

¡Una lectura simple basada en sacar y tirar las monedas!

El efecto del dominó

Esto funciona usando monedas de forma similar a la tirada de los dominós. En un pequeño saco o frasco, coloque doce monedas; seis de denominación A y seis de B. Revuélvalas, meta la mano y saque algunas. Por ejemplo, digamos que ha sacado cinco monedas, tres de A y dos de B. Esto equivaldría a la ficha 3:2 del dominó. Si saca, por ejemplo, seis monedas, todas de la denominación A, entonces equivaldría a la ficha 6:0 del dominó. Tome nota de este valor y ponga las monedas de nuevo en la bolsa, luego revuélvalas y saque de nuevo. Hágalo tres veces. Digamos, por ejemplo que en las tres sacadas le da 2:2, 6:1 y 4:0. La primera corresponde al pasado, la segunda al presente y la tercera al futuro.

A continuación se encuentran los significados tradicionales de las fichas del dominó.

0:0 Pérdida e infelicidad. Vida sin sentido.

0:1 Encuentro con un extraño que le causará un poco de infelicidad.

0:2 Inicio de una nueva sociedad que resultará infructuosa.

0:3 Decisiones erradas y sentimientos de celos le traerán problemas.

0:4 Recibirá una carta con malas noticias.

0:5 Asistirá a un entierro pero no es el de un pariente.

0:6 Alguien a quien usted creía su amigo, se encargará de publicar un escándalo acerca de usted.

1:1 Las cosas se encuentran en un equilibrio perfecto. Es un buen momento para tomar decisiones.

1:2 Perderá dinero o propiedades en un futuro cercano.

1:3 Un descubrimiento inesperado lo conduce a una agradable sorpresa.

1:4 Si desea estar libre de problemas, entonces cancele todas sus deudas.

1:5 Oportunidad para una apasionada y romántica relación amorosa.

1:6 Momento para tomar una decisión. . . ¡El tiempo le dirá si fue una sabia decisión o no!

2:2 Su vida familiar y de trabajo se encuentran sobre una base sólida. Tenga cuidado de no echar a perder ninguna de las dos.

2:3 Evite correr riesgos. ¡No apueste, usted será el perdedor!

2:4 Todas sus inversiones —financieras y emocionales— se duplicarán.

2:5 Aumento. Ganancias en los negocios y en las inversiones. Posibilidad de crecimiento en la familia.

2:6 Recibirá un regalo que resultará ser sumamente útil.

3:3 Le afectará la noticia del matrimonio de un viejo amor.

3:4 Encontrará inesperadamente a un antiguo amor que ya casi había olvidado.

3:5 Ascenso inminente.

3:6 Será invitado a una fiesta y, si va, la disfrutará mucho.

4:4 Recibirá dinero en forma inesperada.

4:5 Una apuesta le resulta favorable, ¡pero no abuse de su suerte!

4:6 Cuidado; estará involucrado en una demanda legal.

5:5 Para su bien, usted logrará reubicarse.

5:6 Usted está en posición de ayudar a los demás, y es lo que debe hacer.

6:6 Éxito en todo.

Con las tres sacadas que hizo, la 2:2, la 6:1 y la 4:0, podemos leer el pasado, presente y futuro como sigue:

> En el pasado, su vida familiar y laboral han estado sobre una base firme. Ahora es el momento para tomar una decisión. Piense cuidadosamente, pues sólo el tiempo le dirá si fue sabia o no. Prepárese para recibir una carta que le llegará en el futuro, que contendrá malas noticias.

Otro método es concentrarse en una pregunta y luego sacar siete monedas, equivalentes a siete fichas del dominó. Esto proporcionará una muy profunda lectura.

Cualquier número o combinación de números en las sacadas puede ser usado para responder las preguntas y obtener el conocimiento.

Parte cuatro

Monedas para el I Ching

EL I CHING COMO una forma de adivinación, fue inventado tradicionalmente por un legendario y sabio chino llamado Fu Shi, hace 4.500 años. ¡El *Shu Ching*, el libro de historia china más antiguo, establece que el I Ching era consultado por antiguos gobiernos, su dictamen prevalecía sobre el dictamen del emperador!

Aunque muchos tradicionalistas utilizan los tallos de milenrama para lograr los hexagramas necesarios de interpretación, las monedas también se han usado por cientos de años. Las monedas chinas son redondas, con un hueco cuadrado en el centro (esto era para que se pudieran llevar enhebradas a una vara). La parte redonda externa de la moneda simboliza a *Ch'ien*, el cielo, mientras el hueco cuadrado representa a *K'un*, la tierra. Un lado tiene cuatro caracteres; estos son el *yang*, o lado positivo. El *yin*, lado negativo, en un principio no tenía caracteres. Sin embargo, dos caracteres más fueron agregados —los del Man Chou— de la Dinastía Man Ch'ing.

Los antiguos filósofos chinos no creían en un universo sin movimiento; ellos pensaban que éste cambiaba constantemente (de aquí el nombre "The book of Changes" para este método oracular). Los cambios suceden constantemente en la vida, dependiendo del rumbo del destino. Sin embargo, si usted puede visualizar el futuro, el destino podría ser influenciado. El I Ching le permite hacer eso precisamente.

Así como con las estaciones del año, los cambios son cíclicos: la alegría / el dolor / la alegría / el dolor; la riqueza / la pobreza / la riqueza / la pobreza; el éxito / el fracaso / el éxito / el fracaso; y así sucesivamente. El I Ching le dice el ciclo en el que usted se encuentra para que sepa lo que le espera y de la misma forma pueda planear pertinentemente. Antiguamente, se creía que el oráculo chino trabajaba de una manera muy sencilla: una línea continua indicaba *sí* y una línea interrumpida *no*.

Aún así, pronto se encontró que esto era inadecuado para la mayoría de las preguntas. Entonces, las líneas continuas y las líneas interrumpidas fueron unidas en combinaciones de tres, lo cual resultó en ocho posibles diseños o *trigramas*. De esta manera se dio un significado a cada uno de éstos diseños:

Trigrama	**Nombre**	**Significados**
☰	Chi'en	El cielo. Masculino. Creativo. Activo.
☷	K'un	La tierra. Femenino. Pasivo. Receptivo.
☳	Chên	El trueno. Peligro. Movimiento.
☵	K'an	Agua inestable. Peligro Un agujero.
☶	Kên	Montaña. Detención. Progreso.

Trigrama	Nombre	Significados
☴	Sun	Madera. Viento. Penetración suave.
☲	Li	El fuego. La belleza. El brillo.
☱	Tui	El lago. El pantano. La satisfacción.

Si se colocan dos de los trigramas, uno sobre otro (el tigrama superior y el inferior), se obtiene un hexagrama. De esta manera es posible crear sesenta y cuatro combinaciones, las cuales se usan para contestar las preguntas.

Cuando se consulta el I Ching, los hexagramas se construyen línea por línea. Esto se hace lanzando las tres monedas, pero primero, usted debe pensar en su pregunta y concentrarse por unos momentos. Luego, haga la primera lanzada de las monedas. Se pueden usar tres monedas de igual tamaño sin importar la denominación: 3 cuartos; 3 peniques antiguos y 3 de otra moneda con cara y sello distintivos.

La mayoría de las personas que toman en serio el I Ching, compran las monedas chinas tradicionales. Se pueden encontrar en almacenes de utensilios esotéricos y en tiendas de monedas.

El hexagrama se construye a partir de su cimiento, desde su parte inferior. El valor de las caras es 3 y el de los sellos es 2. Una lanzada le podría dar 3 sellos = 2 + 2 + 2 = 6. Los seis y los nueve son los números que se conocen como una *línea movible* y se muestran de esta manera: —X— o —θ—. Usted podrá obtener 2 caras y 1 sello: 3+3+2 = 8. El ocho es una línea cortada: — —. El total en números pares es yin y el total en números nones es yang.

Aquí están las posibilidades:

Monedas	**Puntaje**	**Representación**
3 sellos	6	—X— (yin, línea movible)
2 sellos, 1 cara	7	—— (yang)
1 sello, 2 caras	8	— — (yin)
3 caras	9	—θ— (yang, línea movible)

Una línea movible es interesante en el sentido de que la línea movible representa un *proceso de cambio* y el cambio es hacia la situación opuesta. Por ejemplo, si usted consigue una línea movible 9, aun cuando sea yang (todas caras), está en proceso de cambio a yin: de 9 a 8. De forma similar, una línea movible 6 está en el proceso de cambio de yin a yang: del 6 a el 7. ¡El resultado de todo esto es que aunque usted podría haber logrado un hexagrama que responda a su pregunta (como resultará), esa respuesta es realmente incierta; el hexagrama está en el proceso de cambio hacia un hexagrama diferente! Entonces usted cambia esas líneas movibles por su opuesto, al siguiente número hacia arriba o hacia abajo (6 a 7 ó 9 a 8), y leerá la interpretación que corresponda a *ese* hexagrama; esto le dará una idea del rumbo que tomarán los cambios en el futuro.

Al principio puede parecer algo complicado, pero con un poco de práctica se vuelve más fácil y permite una visión no sólo de las circunstancias presentes sino también de los cambios probables en el futuro inmediato.

Para empezar, coloque las monedas en sus manos y agítelas. Es mejor hacerlo en sus manos que en un recipiente, pues de esta manera las monedas absorberán sus energías y —las de la pregunta— a medida que las manipula. Láncelas y escriba, en un pedazo de papel, la combinación resultante. Recuerde que la primera lanzada corresponde a la línea inferior del hexagrama y las siguientes tiradas resultarán en la línea superior.

Cada hexagrama tiene un número, el cual se puede mirar posteriormente en *El Libro de Cambios*. Allí se encuentra la respuesta a su pregunta. En la página siguiente hay una tabla donde puede buscar el número de un hexagrama en particular. Busque sobre la parte de arriba por el trigrama superior y en la sección de abajo hacia el lado izquierdo por el trigrama inferior. El punto donde se encuentren los dos trigramas corresponde al número del hexagrama. Por ejemplo, K'un (en la línea superior) y Sun (en la columna izquierda) resultan en el hexagrama 46.

Trigrama superior

Trigrama inferior	Ch'ien	Chên	K'an	Kên	K'un	Sun	Li	Tui
Ch'ien	1	34	5	26	11	9	14	43
Chên	25	51	3	27	24	42	21	17
K'an	6	40	29	4	7	59	64	47
Kên	33	62	39	52	15	53	56	31
K'un	12	16	8	23	2	20	35	45
Sun	44	32	48	18	46	57	50	28
Li	13	55	63	22	36	37	30	49
Tui	10	54	60	41	19	61	38	58

Nota: La pronunciación es de la siguiente forma: Ch'ien = chee-an; Tui = dway; Li = lee; Chén = Jen; Sun = soon; Kan = cun; Kén = gen; K'un = kwen; I Ching = yee jing.

Atributos de los trigramas

Ch'ien: El padre. Creativo. Fuerte; el caballo; el cielo.

Chên: El primer hijo. Despertando. Movimiento; el trueno; el dragón.

K'an: El segundo hijo. Abismal. Agua; peligro; el cerdo; el agujero.

Kên: El tercer hijo. Inmóvil. La montaña; duro; obstinado.

K'un: La Madre. Receptivo. La tierra; la vaca; rindiéndose.

Sun: La primera hija. Apacible. La madera; el viento; el gallo; penetración.

Li: La segunda hija. Pendiente. El fuego; el ojo; el brillo; la claridad.

Tui: La tercera hija. Alegría. El lago; el pantano; la boca; la oveja; el placer.

¡Para darle un ejemplo breve, digamos que sus lanzadas resultaron en: 2 sellos / 1 cara; 3 caras; 1 sello / 2 caras; 1 sello / 2 caras; 3 sellos; 2 caras / 1 sello. Esto le daría lo siguiente:

El trigrama superior es Kên y el inferior Tui. Mirando debajo de la columna Kên hasta la línea Tui, encontramos el número 41. Por lo tanto, este es el número del hexagrama para esta lanzada de monedas; este es el número que se debe buscar para obtener respuesta a la pregunta que usted hizo cuando lanzó las monedas.

Sin embargo, en sus lanzadas tiene dos líneas movibles: la segunda línea (antes de la última de abajo) es un total de 9; una línea movible yang —θ— . En otras palabras, aunque esta es una línea continua, está en proceso de convertirse en interrumpida (yin): 8. De forma similar, su quinta lanzada de 3 sellos es un 6 y otra línea movible: —X—. Esta vez es una línea interrumpida (yin) en el proceso de convertirse en continua (yang): 7. Cuando las dos líneas cambian, obtendrá un hexagrama diferente, el cual se mostrará de la siguiente manera:

Esto le da un trigrama superior de Sun y un inferior de Chên. Mirando a lo largo de la franja superior de nuestra tabla hasta Sun y luego hacia abajo hasta Chên, se encuentra el número 42. Este hexagrama también se debe leer para obtener la respuesta completa a su pregunta y es la resolución al primer hexagrama.

Los Hexagramas

El Libro de Cambios chino ha sido traducido al inglés por varios universitarios, entre los más destacados se encuentran Richard Wilhelm y Cary F. Baynes, John Blofeld, Da Liu, y posteriormente interpretado por muchos otros autores. Sus libros (ver bibliografía) deberán ser consultados para obtener un estudio e investigación más detallados del I Ching.

Hexagrama 1

- *Ch'ien:* El principio creativo.
- Doble creatividad, actividad, el cielo.
- El abuelo.

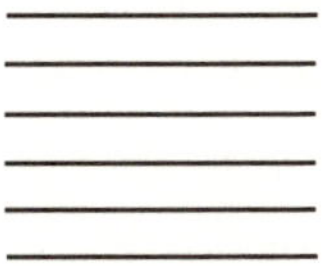

Ch'ien

Ch'ien

Esta es la mejor indicación de éxito, sin importar lo que esté tratando de lograr. Este hexagrama muestra salud, riqueza, suerte y buena fortuna en general. Un juego completo de líneas continuas indica que "la persona superior" es capaz de beneficiarse de cualquier esfuerzo, con tal que sea firme en su empeño. Usted tiene el suficiente poder como para no requerir la ayuda de otros. Sin embargo, es importante que permanezca en el camino recto y angosto; sus negocios van bien y sus relaciones son seguras.

Hexagrama 2

- *K'un:* El principio pasivo.
- La tierra doble, devoción, receptividad.
- Abuela.

K'un

K'un

El juego completo de líneas interrumpidas indica armonía, pero *pasividad* es la palabra clave. Usted puede estar desenfocado al inicio de los proyectos pero logrará ubicarse y volver al camino verdadero. Es necesario remitirse a una autoridad reconocida, la iniciativa deberá mantenerse a discreción. Sea cauto en las relaciones con los hijos menores, pero al mimo tiempo esfuércese por cultivar la relación con las hijas mayores. Abra su mente y abrace todas las posibilidades.

Hexagrama 3

- *Chun:* dificultad inicial.
- El trueno, movimiento; agua inestable, un hoyo, el peligro.
- El hijo mayor/el segundo hijo.

K'an

Chên

Cuidado es la palabra clave. Teniendo firmeza se logrará el progreso y el éxito. Nada deberá subestimarse. Sea cauto y podrá ver el peligro que le asecha y así evitarlo. Ejercite paciencia. No dude en acudir a todas las fuentes y pedir consejo. Este puede ser el momento para reexaminar sus prioridades y su plan de acción. Trate de crear un plan mejor para el futuro.

Hexagrama 4

- *Mêng:* inexperiencia juvenil o inmadurez.
- Agua inestable, un hoyo, peligro; montañas, retraso.
- El segundo hijo/el hijo menor.

Kên

K'an

Sea resuelto en su conducta. Nuevos proyectos deben ser alimentados cautelosamente. Tenga cuidado con la ignorancia, la terquedad, el orgullo juvenil y la arrogancia, la inexperiencia y el desprecio por el conocimiento. Para enseñar, no busque a la juventud, pero si los jóvenes se acercan a usted, entonces aconséjelos. Sin embargo, hágalo una sola vez, no pierda tiempo y esfuerzo en la repetición. Con la correcta actitud, seguramente obtendrá éxito.

Hexagrama 5

- *Hsü:* Esperando.
- Creatividad, actividad, cielo; agua inestable, un hoyo, peligro.
- El padre/el segundo hijo.

K'an

Ch'ien

Si es sincero en lo que hace obtendrá bastante éxito, pero necesita ser paciente y esperar, aun cuando sienta que debe actuar inmediatamente. Los cambios están en proceso y todos los cambios se refieren a usted. El alternar fuerzas le generará nuevas ideas y mas oportunidades. La buena fortuna vendrá con firmeza y persistencia. El avance trae nuevos logros. Observe la situación y el procedimiento actual como un proceso de aprendizaje.

Hexagrama 6

- *Sung:* Conflicto.
- Agua inestable, un hoyo, peligro; creativo, activo, el cielo.
- Segundo hijo/el padre.

Ch'ien

K'an

¡Cuidado! El camino que usted sigue lo puede llevar a un conflicto. No será ventajoso "cruzar la gran corriente", ya sea la corriente del pensamiento, la conciencia, la tradición o cualquier otra corriente. No sólo las buenas intenciones son suficientes. Podría ayudar visitar a un "gran hombre"; alguien con poder e influencia. Usted necesita adaptación interior; una nueva perspectiva en la vida. En este momento, trate de evitar las confrontaciones en su vida personal.

Hexagrama 7

- *Shih:* El ejército (la batalla, la competencia, la rivalidad comercial).
- Agua inestable, un hoyo, el peligro; la tierra, receptividad, la devoción.
- El segundo hijo/la madre.

K'un

K'an

Hay optimismo. La debilidad está en la línea, pero también está la armonía. Se necesita un líder oportuno, alguien que sea firme y preciso. La mejor manera de tener un ejército disponible con buenos soldados es nutriendo y alimentando a la gente; en otras palabras, prepárese bien para las futuras contingencias. Pero tenga en cuenta las necesidades y pensamientos de los demás. Sea firme en su resolución y sepa que lo que está haciendo es correcto.

Hexagrama 8

- *Pi:* Unidad.
- La tierra, receptividad, devoción; agua inestable, un hoyo, peligro.
- La madre/el segundo hijo.

K'an

K'un

Reexamine sus valores e intenciones. Si va por el camino verdadero y su resolución es firme, entonces obtendrá el éxito; si está vacilante, el éxito vendrá de manera lenta; si actúa muy lentamente, el resultado será el fracaso. Existe la posibilidad de que usted haya sido escogido para ser un líder especial y sacar a las personas adelante en un rumbo positivo. Si es así, debe estar seguro de sus propios sentimientos y deseos y debe tener la certeza de que está trabajando por un bien común.

Hexagrama 9

- *Hsiao Ch'u:* restricción de poderes menores.
- Creativo, activo, el cielo; el viento, la madera, apacibilidad.
- El padre/el hijo mayor.

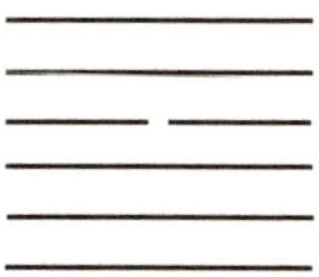

Sun

Ch'ien

Le parecerá que sus mayores esfuerzos son frustrados y que no está progresando; eventualmente habrá progreso que lo conducirá al éxito, aunque no el que usted visualizó. Aunque hay indicaciones de problemas posteriores, estos no se manifestarán. Cuando alcance el éxito, sería aconsejable no proclamarlo en voz alta. Las relaciones con los hijos mayores pueden ser útiles.

Hexagrama 10

- *Lü:* Caminando cautelosamente.
- Creatividad, actividad, el cielo; la tierra, receptividad, devoción.
- El padre/La madre.

Ch'ien

Tui

Usted puede accidentalmente "meterse en la boca del lobo", pero tendrá tanta suerte que no lo morderá. Será una posición arriesgada pero no fracasará, por lo tanto, debe ser cauteloso y optimista. Le espera éxito. Puede ser un momento de gran inspiración para usted si se comporta bien. Tenga cuidado con el caos y el desorden.

Hexagrama 11

- *T'ai:* Paz.
- Creatividad, actividad, el cielo; la tierra, receptividad, devoción.
- El padre/La madre.

K'un

Ch'ien

Lo pequeño y lo malo han desaparecido; lo bueno y lo grandioso ha llegado, la buena fortuna y el éxito. El hexagrama es enigmático. Los principios activos y claros de yang yacen internamente mientras las fuerzas oscuras y pasivas de yin yacen externamente; hay fuerza interna y aceptación externa. Se manifiesta la expectativa de un progreso lento pero firme. En este momento hay condiciones ideales para un nuevo despertar. Camine cautelosamente y planee bien. Es un buen momento para comenzar nuevos proyectos.

Hexagrama 12

- *P'I:* Estancamiento.
- La tierra, receptividad, devoción; creatividad, actividad, el cielo.
- La madre/el padre.

Ch'ien

K'un

Hay un presagio negativo, aunque es más un contratiempo que un fracaso total. Hay poca expectativa de buena de suerte, pero no hay nada en concreto. En este momento se necesita mucha paciencia y obediencia. Existen muchas fuerzas en su contra. La "persona superior" no debe ceder en su gran persistencia.

Hexagrama 13

- *T'ung Jên:* Compañerismo con la humanidad.
- El fuego, el brillo, la belleza; creatividad, actividad, el cielo.
- La segunda hija/el padre.

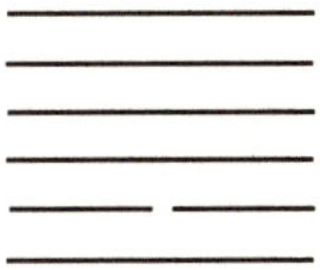

Ch'ien

Li

Una unión armoniosa está por venir. Si persigue su objetivo sin egoísmo, entonces lo logrará. Los resultados serán duraderos. Será favorable que haga algún viaje, aunque un viaje cruzando las aguas sería muy recomendable y especialmente eficaz. No ceda en su persistencia.

Hexagrama 14

- *Ta Yü:* Abundancia.
- Creatividad, actividad, el cielo; el fuego, el brillo, la belleza.
- El padre/la segunda hija.

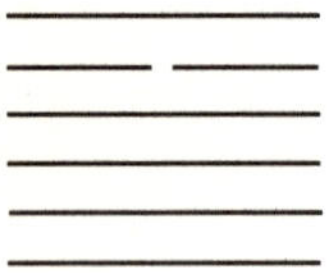

Li

Ch'ien

Gran progreso y éxito absoluto. La "persona superior" sofoca lo malo y le da distinción a lo bueno. Prosperidad y abundancia para las familias, así como para los individuos se pone de manifiesto. Esto es algo inesperado. La única falla posible podría venir del orgullo excesivo, pero esto en extremada improbabilidad.

Hexagrama 15

- *Ch'ien:* Humildad.
- La montaña, retrasos; la tierra, receptividad, devoción.
- El hijo menor/la madre.

K'un

Kên

La modestia y la humildad traen el éxito, sobre todo con los nuevos proyectos, los que muestran gran esperanza. Haga de la modestia y la moderación sus grandes metas. Las fuerzas que existen a su alrededor están en proceso de equilibrio, por lo tanto no hay evidencias de extremos. Así pues, moderación debe ser su palabra clave. Sea cauto en sus reacciones hacia la gente y los eventos y trate de no reaccionar desmesuradamente.

Hexagrama 16

- *Yü:* Entusiasmo.
- La tierra, receptividad, devoción; el trueno, movimiento.
- La madre /el hijo mayor.

Chên

K'un

El hexagrama significa felicidad y preparación, así como entusiasmo. Esta es una condición de armonía, placer y satisfacción. Existe aquí mucho optimismo. Es el momento para convocar a los auxiliares y empezar la marcha de los ejércitos; sin embargo, tenga cuidado con no mostrar mucho entusiasmo al empezar nuevos proyectos. Es una buena señal para músicos y entretenedores de toda índole.

Hexagrama 17

- *Sui:* Continuando.
- El trueno, movimiento; el lago, el pantano, la alegría.
- El hijo mayor/la hija menor.

Tui

Chên

El equilibrio en las líneas de este hexagrama indica metas de gran alcance. Si hay prolongadas discusiones verbales, es esencial que se tomen decisiones poco después de estas discusiones. De igual manera una conducta firme y consistente es igualmente esencial. No hay posibilidad de errores. Planee con anticipación para un futuro lejano, guardando provisiones en caso de cualquier escasez futura.

Hexagrama 18

- *Ku:* Detenga la desintegración.
- El viento, la madera, la apacibilidad; la montaña, el retraso.
- La hija mayor/el hijo menor.

Kên

Sun

Es importante seguir con los planes y si es necesario haga un viaje relacionado con esos planes. Las condiciones ahora no pueden ser buenas, pero mejorarán. Algunas tareas parecerán incómodas e incluso molestas, pero se deben llevar a cabo y llegar a una conclusión satisfactoria. Trate de aprender lecciones de estos problemas.

Hexagrama 19

- *Lin:* El acercamiento.
- El lago, el pantano, alegría; la tierra, receptividad, devoción.
- La hija menor/la madre.

K'un

Tui

La persistencia trae recompensa. Permítase un optimismo mesurado. Habrá resultados favorables provenientes del uso apropiado de la autoridad. Revise, confronte y luego ordene. Está en una posición muy favorable para llevar a cabo exitosamente sus planes y ayudar a los demás a realizar los suyos. Sea cauto con los infortunios en el octavo mes.

Hexagrama 20

- *Kuan:* Contemplación y observación.
- La tierra, receptividad, el cielo; el viento, la madera, apacibilidad.
- La madre/la hija mayor.

Sun

K'un

Se hizo la ablución pero aún no se ha concedido la ofrenda. Inspire confianza y respeto a través de la sinceridad y la dignidad. Existen diferencias entre los que tienen autoridad y los subordinados. Si usted es uno de los que tiene autoridad, ubíquese en el lugar correcto antes de actuar. Hay espacio para la instrucción. Recuerde que los demás lo vigilan así como usted lo hace con sus subordinados.

Hexagrama 21

- *Shih Hô:* Mordiendo.
- El trueno, movimiento; el fuego, el brillo, la belleza.
- El primer hijo/la segunda hija.

Li

Chên

Es un momento favorable para procedimientos legales. Hay antagonismos naturales entre superiores e inferiores. Puede haber un pequeño arrepentimiento pero no hay errores. Siga la ley al pie de la letra. El optimismo prevalece sobre el pesimismo; hay buen progreso en el empeño. Es un excelente momento para el cambio. Visualice las barreras de su progreso, cámbielas y remuévalas.

Hexagrama 22

- *P'I:* Elegancia; gracia.
- El fuego, el brillo, la belleza; la montaña, el retraso.
- El padre/la primera hija.

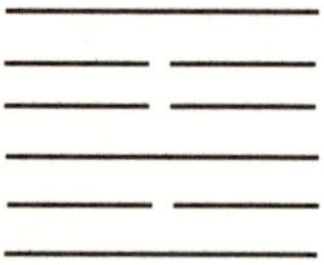

Kên

Li

Los adornos se encuentran en la naturaleza y es apropiado en la sociedad, pero debe ser secundario a lo que es substancial. No se deje llevar por las apariencias. No pierda mucho tiempo en cosas vanas, sin prepararse para problemas futuros. ¡El sol brilla sobre las montañas de una manera hermosa, pero la oscuridad de la noche se encuentra muy cerca! Usted puede ser lúcido en el trabajo pero debe haber una fortaleza oculta detrás de su apariencia.

Hexagrama 23

- *Po:* Desintegración.
- La tierra, receptividad, devoción; la montaña, el retraso.
- La madre/el hijo más joven.

Kên

K'un

Se requiere cuidado extremo. Usted está en un callejón sin salida; no proceda en cualquier dirección en este momento. La fuerza no le ayudará. Posponga alguna o todas las decisiones. Examine cuidadosamente a todos aquellos que quieran atentar contra su posición. Se requiere mucha paciencia. Vigile cuidadosamente a la oposición y a la competencia. Sea amable y benévolo con los demás. Es un momento para la acción sumisa.

Hexagrama 24

- *Fu:* El retorno.
- El trueno, movimiento; la tierra, receptividad, devoción.
- El hijo mayor/la madre.

K'un

Chên

Dentro de siete días estará en una posición ventajosa; entonces, podrá proceder en la dirección que desee. No habrá oposición. Sus amigos se unirán a usted y aportarán fuerzas. Los proyectos que se iniciaron a partir de fracasos anteriores obtendrán un éxito inmediato. Necesita seguir reevaluando su situación y sus metas.

Hexagrama 25

- *Wu Wang:* Lo inesperado.
- El trueno, movimiento; creatividad, actividad, el cielo.
- El hijo mayor/el padre.

Ch'ien

Chên

Haga simplemente lo que crea que se debe hacer, sin un plan detallado y sin fijarse metas. El granjero ara sus cultivos en primavera aun cuando no es capaz de predecir qué pasará en el otoño. Cuando él afronta dificultades, tiene que adaptarse a ellas. Por lo tanto, acéptelo. La persistencia le traerá recompensas. Aquellos que se oponen a lo sensato, sólo encontrarán dolor.

Hexagrama 26

- *Ta Ch'u:* La gran fuerza domadora.
- Creatividad, actividad, el cielo; la montaña, el retraso.
- El padre/el hijo menor.

Kên

Ch'ien

Hay mucho trabajo por hacer. Habrá dificultades pero debe esforzarse para salir adelante y no darse por vencido. Trate de establecer amistad con personas problemáticas; ellas podrán proporcionarle mucha ayuda en el futuro. Este es un buen momento para viajar. Usted posee información valiosa aunque no se haya dado cuenta; es un gran avance para usted. Ahora es el momento para iniciar nuevos proyectos, planeando cuidadosa y anticipadamente para cualquier posible contingencia.

Hexagrama 27

- *I:* Alimento.
- El Trueno, el movimiento; la montaña, el retraso.
- El hijo mayor/el hijo más joven.

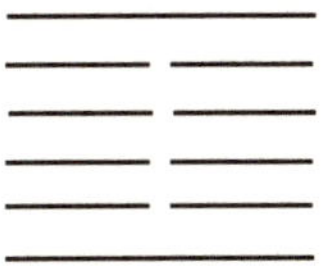

Kên

Chên

Si actúa con precisión habrá muy buena fortuna. Logrará un avance importante en un proyecto. Los beneficios requieren un análisis detallado de todos los aspectos de la situación. Debe tener muy en cuenta lo que planea hacer y asegurarse de que todos los esfuerzos estén dirigidos a la culminación de sus planes. Confíe en su propio juicio. Aprenda de las lecciones del pasado.

Hexagrama 28

- *Ta Kuo:* Exceso.
- El viento, la madera, apacibilidad; el lago, el pantano, alegría.
- La hija mayor/la hija menor.

Tui

Sun

La situación actual se mide con un gran número de consideraciones. Se debe tomar una decisión inmediata, ya que podría convertirse rápidamente en una situación explosiva. Busque una salida, una ruta de escape. El éxito es para aquellos que siguen siendo resueltos, firmes y fuertes. Usted no puede ignorar la situación.

Hexagrama 29

- *K'an:* El abismo.
- El agua doblemente inestable, un hoyo, el peligro.
- El segundo hijo.

K'an

K'an

¡Hay grave peligro! La acción es importante, pero piense cuidadosamente antes de actuar. Después de una avance vendrá un logro. El conocimiento y la experiencia que está a punto de ganar será invaluable en el futuro. Tenga cuidado con la trampa y el engaño, así como con el robo. Podría resultar herido o involucrarse en una seria disputa.

Hexagrama 30

- *Li:* El fuego; la aferración.
- Fuego doble, el brillo, la belleza.
- La segunda hija.

Li

Li

La energía del todo excede en gran magnitud a la energía de las partes individuales. Use la energía de la mejor manera; no la combata, úsela. Las condiciones externas cambian constantemente. Debe prepararse para cambiar con ellas. Sea un poco flexible; no trate de aferrarse a planes ya establecidos. Aférrese a lo que está disponible en el momento.

Hexagrama 31

- *Hsien:* Influencia.
- La montaña, el retraso; el lago, el pantano, la alegría.
- El hijo menor/la hija menor.

Tui

Kên

Debe ser abierto y receptivo ante cualquier cosa que se presente en el momento. Una calmada receptividad le permitirá ser influenciado e influir sobre los demás. Se deben experimentar ambos aspectos para lograr cambios. Se recomienda pedir consejo a sus superiores. La "persona superior" mantiene su mente libre de preocupaciones y dispuesta a recibir consejo de otros.

Hexagrama 32

- *Hêng:* Duración.
- El viento, la madera, apacibilidad; el trueno, el movimiento.
- La hija mayor/el hijo mayor.

Chên

Sun

Manténgase firme y no cambie sus planes; sín embargo tenga en mente una meta a largo plazo. La perseverancia trae recompensas. Es importante la continuidad y la unidad. Evite actitudes rebeldes. Escuche su voz interna. Habrá progreso exitoso y sin errores.

Hexagrama 33

- *Tun:* El retiro.
- La montaña, el retraso; la creatividad, la actividad, el cielo.
- El hijo menor/el padre.

Ch'ien

Kên

Se requiere cautela. No intente combatir a su oponente en forma directa, pero comprométase si es necesario, y esté preparado para un retiro inmediato, si tiene que hacerlo. Mantenga a "los hombres pequeños" alejados y en el lugar que les corresponde. No abandone sus principios. Ahora puede ser un buen momento para tomar unas vacaciones, mire hacia el pasado pero planee el futuro.

Hexagrama 34

- *Ta Chuang:* El poder de la grandeza.
- Creatividad, actividad, el cielo; el trueno, movimiento.
- El padre/el hijo mayor.

Chên

Ch'ien

El que utilice seriamente el poder y la autoridad obtendrá ventaja y sólo se debe usar la fuerza para hacer lo que se considere correcto. Es un buen momento para avanzar. Ejerza poder, pero no abuse de él. Encontrará que tiene un poder particular, sobre todo en las relaciones personales. Sea responsable en todo lo que haga; la responsabilidad es la clave.

Hexagrama 35

- *Chin:* Progreso.
- La tierra, receptividad, devoción; el fuego, el brillo, la belleza.
- La madre/la segunda hija.

Li

K'un

Un superior le expresará gratitud; existe la posibilidad de recibir regalos. Este es un hexagrama muy positivo. Hay cosas buenas —progreso, premios, ventajas— en el futuro inmediato. Es también una excelente oportunidad para la buena comunicación con la familia y en los negocios; la unidad es una bendición en su vida familiar. Es un buen momento para examinar sus relaciones con los demás: los que están en su mismo nivel, los que están por encima de usted y también aquellos de un nivel inferior.

Hexagrama 36

- *Ming I:* Oscurecimiento de la luz.
- El fuego, el brillo, la belleza; la tierra, receptividad, devoción.
- La segunda hija/la madre.

K'un

Li

Es necesario que sea paciente y comprensivo. Habrá beneficios si usted está resuelto a levantarse ante las insuficiencias de su superior, pero no haga alarde de su conocimiento. Sea paciente y espere el momento adecuado. Actuar ahora causaría celos y dificultades. El tiempo es un excelente maestro y ahora es el momento para aprender de las experiencias pasadas. Aumente su conocimiento por medio del estudio y la investigación.

Hexagrama 37

- *Chia Jên:* La familia.
- El fuego, el brillo, la belleza; el viento, la madera, la bondad.
- La segunda hija /la hija mayor.

Sun

Li

Cuando todas las cosas están en el orden correcto, todo está bien. El padre y la madre encabezan la familia, luego llegan los hijos, en orden de edades. Si todos conocen su posición, entonces las cosas transcurrirán sin problemas y se logrará el progreso. Será ventajoso ayudar a aquellos que tienen la mayor responsabilidad. Una de las mejores maneras de hacer esto es atender a sus propias responsabilidades.

Hexagrama 38

- *K'uei:* Oposición/contradicción.
- El lago, el pantano, la alegría; el fuego, el brillo, la belleza.
- La hija menor/la segunda hija.

Hay un sentido de contradicción y de oposición, pero aún así puede haber progreso en las cosas pequeñas. Es tiempo para examinar los dos lados de cada pregunta. Los demás pueden verlo como indeciso o incluso contradictorio, pero tómese todo el tiempo para examinar. Evite plenamente la discordia. Tenga cuidado con la desconfianza y la sospecha entre los familiares y los socios de sus negocios.

Hexagrama 39

- *Chien:* La obstrucción.
- La montaña, el retraso; agua inestable, un hoyo, peligro.
- El hijo menor/el segundo hijo.

K'an

Kên

Será benéfico encontrarse con una "gran persona". No tenga miedo de pedir consejos. La persistencia es importante. Los obstáculos en su camino son parte del curso normal que toman las cosas, deben superarse para que usted pueda progresar. Si es necesario, haga una pausa y tome fuerzas antes de superar los obstáculos. Estas son inhibiciones internas que, de nuevo, deben superarse.

Hexagrama 40

- *Hsieh:* La liberación.
- Agua inestable, un hoyo, el peligro; el trueno, movimiento.
- El segundo hijo/el hijo mayor.

Chên

K'an

Este hexagrama sigue al anterior en el hecho de que muestra alivio de la tensión y levantamiento en la obstrucción. La tensión y la ansiedad están desapareciendo, tanto en los negocios como en las relaciones personales. Es el momento para un nuevo comienzo. Deje el pasado atrás y mire al futuro. En los negocios, es un buen tiempo para la expansión. En su vida personal, es un buen momento para tener un fresco comienzo con los seres amados.

Hexagrama 41

- *Sun:* Disminución.
- El lago, el pantano, la alegría; la montaña, el retraso.
- La hija menor/el hijo menor.

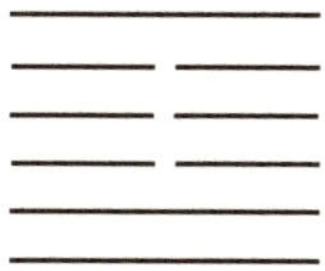

Kên

Tui

Controle sus emociones. Use lo que tenga a mano para promover sus intereses. Podría perder algún ingreso monetario o propiedad, aunque esto puede ser debido a algo dado a los demás. Falta de ganancias en las inversiones actuales puede representar buenas ganancias en el futuro. Recuerde que el péndulo se balancea y, aunque ahora puede estar atrás, pronto se moverá hacia delante. Involúcrese totalmente y sea muy sincero en todo lo que haga.

Hexagrama 42

- *I:* Aumento.
- El trueno, el movimiento; el viento, la madera, la apacibilidad.
- El hijo mayor/la hija mayor.

Sun

Chên

Mucho optimismo. Es un buen momento para empezar nuevos proyectos. Un tiempo activo en los negocios con prosperidad en el futuro. Aproveche toda la energía que está entrando en su situación; trabaje de inmediato en nuevos proyectos, comenzando de inmediato. Mostrando compromiso constante y consistente, logrará el éxito.

Hexagrama 43

- *Kuai:* Resolución.
- Creatividad, actividad, el cielo; el lago, el pantano, la alegría.
- El padre/la hija menor.

Tui

Ch'ien

Tenga cuidado al hablar de una forma muy franca y no haga alarde, ni tampoco, muestre su fortaleza. Derrote a sus enemigos tomando una resolución firme y pública para avanzar como desea avanzar. Vénzalos sin entrar en batalla con ellos. Sólo con determinación y progreso constante y abierto se obtendrá el cambio.

Hexagrama 44

- *Kou:* Encontrando.
- El viento, la madera, apacibilidad; creatividad, actividad, el cielo.
- La hija menor/el padre.

Ch'ien

Sun

No es un buen tiempo para casarse o unirse a cualquier tipo de sociedad. Si usted no es cuidadoso, los problemas podrían aumentar. Las mujeres tienen poder en este momento. Hay negatividad aquí, pero una negatividad de la cual puede aprender. Pueden surgir situaciones de una manera repentina e inesperada. Se enfrentará a una persona o situación que no puede evitar. Es un tiempo de tentaciones, así que permanezca en guardia.

Hexagrama 45

- *Ts'ui:* Congregando.
- La tierra, receptividad, devoción; el lago, el pantano, la alegría.
- La madre/la hija menor.

Tui

K'un

Hay una celebración, fiesta o convención; una reunión de muchas personas. Si usted es el líder de este grupo o simplemente uno de los asistentes, debe invertir todas sus energías en el bien del grupo y su progreso; lo pueden llamar para que contribuya o haga un sacrificio. Si lo hace, se beneficiará en el futuro. Prepare sus fuerzas para cualquier circunstancia imprevista. Buen tiempo para el matrimonio.

Hexagrama 46

- *Shêng:* Ascendiendo.
- El viento, la madera, apacibilidad; la tierra, receptividad, devoción.
- La hija mayor/la madre.

K'un

Sun

Obtendrá reconocimiento público de una fuente inesperada, pero no permita que esto se le suba a la cabeza. Este reconocimiento podría presentarse en forma de un ascenso, un aumento en el ingreso, o simplemente un anuncio de su valor. Los negocios prosperarán, germinando como flores en primavera. A medida que su vida personal y sus negocios prosperen, no se llene de orgullo o arrogancia, ni tampoco se vuelva perezoso y descuidado.

Hexagrama 47

- *K'un:* Adversidad.
- Agua inestable, un hoyo, peligro; el lago, el pantano, la alegría.
- El segundo hijo/la hija menor.

Tui

K'an

El pesimismo cauteloso está aquí. Muchas fuerzas externas están restringiendo el progreso y el éxito. No permita que las fuerzas negativas destruyan su carácter. La persistencia por una causa justa lo llevará finalmente al éxito. Se sentirá exhausto y cansado de combatir las desigualdades. Habrá promesas habladas en vano; no confíe en la palabra hablada. No es un buen momento para el matrimonio.

Hexagrama 48

- *Ching:* El pozo.
- El viento, la madera, apacibilidad; agua inestable, un hoyo, peligro.
- La hija mayor/el segundo hijo.

K'an

Sun

Podría necesitar la cooperación de otras personas para lograr lo que quiere. Si no tiene éxito, deberá tratar de mejorar en su carrera, su imagen y su manera de hacer las cosas. La asociación es importante. El conocimiento se encuentra ahí para el que lo tome; esto nunca cambia. Todo lo que tiene que hacer es buscarlo.

Hexagrama 49

- *Kô:* Revolución.
- El fuego, el brillo, la belleza; el lago, el pantano, la alegría.
- La segunda hija/la hija menor.

Tui

Li

Lo que puede parecer, en la reflexión, una alteración poco sabia de sus planes originales, se convertirá realmente en algo bueno. Este cambio vendrá después de una reflexión cuidadosa y el reconocimiento de las circunstancias. Verá lo que salió mal y cómo debió haberlo planeado para empezar. Aprenda de esta experiencia. No le tenga miedo al cambio más bien esté preparado para cuando éste ocurra.

Hexagrama 50

- *Ting:* El caldero.
- El viento, la madera, apacibilidad; el fuego, el brillo, la belleza.
- La hija mayor/la segunda hija.

Li

Sun

Es un momento en el que puede expresar su opinión confiadamente, pero no diga cosas vanas o antagónicas. Usted y todos aquellos con quienes está asociado, lograrán el éxito. Todo a su alrededor se está desarrollando positivamente en este momento. Comparta el conocimiento de tal manera que esto sea significativo —pues, el conocimiento guardado sólo para sí mismo es de poca utilidad—.

Hexagrama 51

- *Chên:* El trueno/el choque.
- El trueno doble, movimiento.
- El hijo mayor.

Chên

Chên

Avanzará favorablemente a una buena posición, lo cual sorprenderá a los demás como una tormenta eléctrica. ¡Es el momento para sorprender a algunas personas! Es un buen tiempo para examinar sus relaciones comerciales y personales. Los negocios pendientes pueden causarle problemas en este momento. Finalice todo lo que tenga pendiente tan pronto como sea posible. Se dará cuenta que brotará de usted una súbita carga de energía para poder hacer las cosas. Una vez que haya pasado la sorpresa inmediata, podrá mirar atrás y reírse.

Hexagrama 52

- *Kên:* Quietud.
- La montaña doble, el retraso.
- El hijo menor.

Kên

Kên

Descanse cuando sea el momento para descansar —así como ahora— y actúe cuando sea el momento para actuar. De esta manera su progreso será uniforme y constante. La verdad reposa en el equilibrio y la armonía. Es un buen momento para la meditación. Practíquela; le refrescará el cuerpo, la mente y el espíritu. Medite sobre sus metas y sus planes para poder alcanzarlos. Es tiempo de calma, no de acción.

Hexagrama 53

- *Chien:* Progreso gradual; crecimiento.
- La montaña, el retraso; el viento, la madera, apacibilidad.
- El hijo menor/la hija mayor.

Sun

Kên

La recompensa y el progreso pronto estarán aquí. Debe estar consciente de la verdadera naturaleza de la vida diaria; no es positiva ni negativa. Recuerde todo lo bueno que hay en la vida. Para así alcanzar su objetivo, debe tomar el camino lento y tradicional, el cual puede parecer muy largo para usted. Sea paciente, no existe ningún atajo.

Hexagrama 54

- *Kuei Mei:* La doncella núbil.
- El lago, el pantano, la alegría; el trueno, el movimiento.
- La hija menor/el hijo mayor.

Chên

Tui

No es buen momento para los negocios. Usted está completamente a la merced de las circunstancias. Trate de mantenerse flexible. No está en control de algo, por lo tanto debe estar listo para incursionar en cualquier dirección. Sea discreto; este no es el tiempo adecuado para derrochar. No es el mejor momento para resolver disputas matrimoniales; ¡es bueno recordar que tanto los problemas como las alegrías son parte del matrimonio! Evite las discusiones fuertes.

Hexagrama 55

- *Fêng:* Abundancia.
- El fuego, el brillo, la belleza; el trueno, movimiento.
- La segunda hija/el hijo mayor.

Chên

Li

No es el momento para la tristeza, debería estar celebrando. Hay desarrollo y progreso. Puede sentirse satisfecho con lo que ha logrado. Este hexagrama indica grandeza, prosperidad y claridad. Sin embargo, debe reflexionar sobre lo que usted es y lo que quiere ser. Libérese de cualquier exceso.

Hexagrama 56

- *Lü:* El errante.
- La montaña, el retraso; el fuego, el brillo, la belleza.
- El hijo menor/la segunda hija.

Li

Kên

Éxito en las cosas pequeñas. En este hexagrama se muestra un extraño o desterrado. Algunas veces él encuentra amigos y refugio, pero muchas veces tiene que luchar y sobrevivir de la mejor manera posible. Si puede sacarle el mayor provecho a las cosas, entonces progresará poco a poco. Sepa cuando haya agotado sus recursos y así seguir adelante. ¡Cuando sea el momento de moverse, hágalo, no se tarde! Todo esto se refiere a "viajes internos" —en el pensamiento y la imaginación— así como a la parte física.

Hexagrama 57

- *Sun:* Sumisión voluntaria/penetración suave.
- El viento doble, la madera, apacibilidad.
- La hija mayor.

Sun

Sun

Debe permitir la influencia de la otra persona. Sométase voluntariamente para que pueda avanzar en las cosas pequeñas. Trate de entender la forma de pensar de sus superiores. A partir de esto, usted podrá reconocer lo que está y lo que no está dentro de sus posibilidades. Mantenga presentes sus metas a largo plazo en todo momento. Esté preparado para dar un paso largo y lento en la consecución de sus metas.

Hexagrama 58

- *Tui:* Regocijo.
- El lago doble, el pantano, la alegría.
- La hija menor.

Tui

Tui

La cautela le trae éxito. Se muestran logros y progreso. Encontrará estímulo. La alegría depende de la fuerza interna y la firmeza en los propósitos, se manifiesta exteriormente como una sumisión gentil. Mantenga la atmósfera de su entorno apacible y con buena voluntad. Su éxito continuará.

Hexagrama 59

- *Huan:* Dispersión.
- Agua inestable, un hoyo, el peligro; el viento, la madera, apacibilidad.
- El segundo hijo/la hija mayor.

Sun

K'an

Progreso y el éxito. Es oportuno realizar un viaje en estos momentos, especialmente por vía marítima. Buen tiempo para reubicarse y para cambiar de carrera. Un viaje de negocios le resultaría provechoso. La persistencia traerá recompensas si el trayecto es correcto. Los planes de matrimonio se pueden posponer debido a presiones del trabajo para ambas partes. Tome tiempo para examinar todas las cosas; trate de visualizar toda la situación antes de tomar cualquier decisión.

Hexagrama 60

- *Chieh:* Limitación.
- El lago, el pantano, alegría; agua inestable, un hoyo, peligro.
- La hija menor/el segundo hijo.

K'an

Tui

Existen limitaciones a lo largo de la naturaleza, desde los tiempos cambiantes del año hasta las condiciones climatológicas. Es necesario adaptarse a los cambios para poder avanzar. Considere las limitaciones que se le presentan y observe cómo le obstaculizan el logro de sus metas. Evalúe la situación para que pueda evitar cualquier impedimento y siga adelante. Donde haya limitaciones que no pueda cambiar, acéptelas en lugar de combatirlas inútilmente.

Hexagrama 61

- *Chung Fu:* Visión.
- El lago, el pantano, alegría; el viento, la madera, apacibilidad.
- La hija menor/la hija mayor.

Sun

Tui

Confianza y sinceridad interior. Circunstancias altamente favorables. Es un gran momento para cruzar las aguas y usar un bote vacío (o un cargador de alguna clase). No se engañe pensando que la fuerza bruta y la fortaleza física tienen un impacto duradero. La generosidad es aquí la clave; hay buena fortuna para los que valoran sus ventajas.

Hexagrama 62

- *Hsiao Kuo:* Concientización.
- La montaña, el retraso; el trueno, movimiento.
- El hijo menor/el hijo mayor.

Chên

Kên

Progreso y logros. Es ventajoso ser firme y correcto. Se requiere acción en los proyectos peri rehúse y sea paciente con los proyectos mayores. Escuche ideas o sugerencias de los que se encuentran en un nivel por debajo del suyo; aquellos a quienes normalmente consideraría inferiores. Podría incluso obtener ventajas si se desvía un poco de lo que se consideraría normal. En este momento, la perseverancia es tan importante como la restricción.

Hexagrama 63

- *Chi Chi*: Después de la culminación.
- El fuego, el brillo, la belleza; agua inestable, un hoyo, peligro.
- La segunda hija/el segundo hijo.

K'an

Li

Progreso y éxito en las cosas pequeñas. Usted ha tenido mucha suerte al comienzo, pero pueden presentarse problemas más adelante. Planee para el futuro y cuídese ante cualquier eventualidad negativa. La persistencia en un camino correcto traerá dividendos. Podría terminar un proyecto mayor con anticipación, pero para aferrarse a cualquier ganancia, necesitará estar constantemente en control de las cosas. Es también un buen momento para empezar nuevos proyectos.

Hexagrama 64

- *Wei Chi:* antes de la culminación.
- Agua inestable, un hoyo, peligro; el fuego, el brillo, la belleza.
- El segundo hijo/la segunda hija.

Li

K'an

Progreso y éxito aparente. La meta está a la vista, al alcance. Existe humillación debida quizá al exceso de confianza. Tenga cuidado con alardear. Es la etapa anterior a lo que parece ser una victoria segura. Sin embargo, no crea que al lograr esta meta, estará sano y salvo. El buen juicio y el orden deberán prevalecer. Aún hay muchas cosas por hacer después del momento de la victoria.

Nota: En las traducciones completas del I Ching (es decir, en los libros de Wilhelm, Blofeld, y Da Liu), se dan interpretaciones más detalladas de los hexagramas y le siguen a estas interpretaciones posteriores de cada línea (comenzando desde la parte inferior) del hexagrama. Sin embargo, estas interpretaciones de las líneas no se leen para un segundo hexagrama (siguiendo el ajuste de las líneas movibles). El tratar todas las interpretaciones de líneas así como también el realizar las lecturas principales va más allá del alcance de este libro, por este motivo, estas lecturas e interpretaciones no han sido incluidas.

Parte cinco

La práctica de la adivinación a través de las monedas

POR SUPUESTO QUE usted podría coger sus monedas y lanzarlas, girarlas, revolverlas o hacer lo que quiera, aunque tradicionalmente, es una buena práctica tratar la adivinación como un ritual. Si se mira la adivinación como una práctica mágica —que ciertamente lo es— entonces debe prepararse de la manera y estilo apropiados.

La consagración de las monedas

El primer paso necesario es consagrar las monedas. En la magia, lo que se dice y se hace es más poderoso cuando viene del corazón. Debe ser lo que resulte más apropiado para *usted*, como individuo, lo que significa no es simplemente el expresar algo que quizás haya sido escrito por alguien hace cientos de años, en circunstancias muy diferentes. Le daré un ejemplo; un ritual básico que podría realizarse. Usted puede seguir esto al pie de la letra, o simplemente usarlo como modelo para ser adaptado, escrito por usted de nuevo para satisfacer sus propios sentimientos y creencias.

A la pequeña mesa donde colocará sus monedas y otros elementos necesarios, le llamaremos altar, pero este ritual no tiene que poseer ningún rasgo religioso, a menos que usted así lo desee. Algunas personas desearán dirigir sus palabras y energías a una deidad o deidades específicas, mientras que otros las dirigirán simplemente al universo o a su propia fuerza interior. La forma correcta será la que mejor a *usted* le acomode.

El altar puede ser cualquier mesa pequeña, cómoda o incluso una caja, de tamaño adecuado, frente a la cual usted pueda estar de pie o de rodillas. Si lo desea, puede cubrirlo con una tela. Coloque una vela encima del altar (escoja el color que quiera). Coloque un plato con incienso en un lado, y en el otro uno con agua, poniendo las monedas entre los dos platos. Elija el número de monedas que quiera usar. Con lo que ha leído en este libro, tendrá alguna idea de cuántas monedas podría necesitar normalmente. (Si es necesario, puede consagrar más monedas posteriormente). A muchas personas al igual que a mí, les gusta agregar una pizca o dos de sal en el agua, ya que la sal simboliza la fuerza de vida universalmente. Escoja el incienso que más le guste, pero inclínese por algo que huela agradable, sin ser repugnante. Encienda la vela y el incienso. (Refiérase a mi libro, *Wicca, Prácticas y Principios de la Brujería*, publicado por Llewellyn Español en 2001).

Tal vez usted quisiera dibujar un círculo alrededor del altar y consagrarlo (de nuevo, refiérase mi libro *Wicca, Prácticas y Principios de la Brujería*, para mas detalles sobre la elaboración de este círculo). Ya sea que usted decida hacerlo o no, en cualquier caso le sugiero que, por lo menos, haga lo siguiente:

Siéntese silenciosamente por un momento, respire profunda y uniformemente, mientras permite que su mente se adapte y su cuerpo se relaje; libere cualquier tensión que pueda presentarse. Cierre sus ojos y a medida que respira profundamente, concéntrese en atraer energías positivas a través de sus inhalaciones y expulse energías negativas en sus exhalaciones. En su mente, visualice la energía positiva como una luz blanca vea y sienta como entra en su cuerpo. Cuando exhale, vea y sienta la negatividad, en forma de oscuridad (negra, café o gris, por ejemplo) saliendo de su cuerpo. Continúe hasta que sienta que su cuerpo entero está lleno de luz blanca y toda la negatividad —todos esos pequeños dolores y malestares, estrés y tensión hayan sido expulsados—. ¡No estamos hablando de fuerzas demoníacas o energías de magia negra, pues no existe virtualmente ninguna probabilidad de que éstas se encuentren presentes! Simplemente estamos hablando de las muchas pequeñas distracciones que podrían desviarle su atención de lo que hay que hacer en este momento. Al expulsarlas, estará también absorbiendo energías positivas que pueden ayudarlo, protegerlo y vitalizarlo.

Cuando sienta que su cuerpo está saturado con la luz blanca, continúe la respiración y la absorción de energías, pero ahora vea la luz expandiéndose más allá de su cuerpo; fluyendo en una bola blanca que impregna el área donde usted se sienta, se arrodilla o se pone de pie. Observe la bola de luz blanca rodeando el altar, a gran distancia.

Ahora puede cambiar su concentración para enfocarse en las monedas que están frente a usted. Tómelas y sosténgalas entre sus manos. Concentre sus energías en las monedas y diríjales fuerza positiva. Puede decir en voz alta (o mentalmente) o simplemente concentrarse en lo siguiente:

> Estas monedas son los instrumentos que usaré para descubrir las fuerzas que hay a mi alrededor. Permita que se llenen de energías positivas, que no me conduzcan por un mal camino y me muestren la dirección correcta para lograr lo que deseo.

Sumerja los dedos en agua y salpique las monedas, haciendo que las gotas caigan en los dos lados de cada una de ellas. Luego, sosténgalas sobre el humo del incienso y mientras hace esto diga:

> Aquí depuro estos instrumentos de toda negatividad, de tal manera que sean purificados para el uso que les quiero dar. Permita que el agua de la vida las limpie y el humo del incienso las conecte con el universo mayor para que así, ellas puedan actuar como un canal para la conciencia universal.

Sostenga, por un momento, las monedas junto a su corazón, sintiendo que las energías provenientes de ellas se mezclan con las suyas, luego reemplácelas en el altar. Siéntese un rato más, en calmada contemplación, antes de que se apague la vela y se acabe el ritual.

Muchas personas guardan las monedas en una seda o tela de algodón blanca después del ritual. También puede guardarlas junto con la tela en una bolsa o una caja especialmente para las monedas. Le recomendaría que cargara con las monedas por lo menos durante siete días. Por la noche, duerma con ellas bajo la almohada. Esto ayudará a ungir las monedas con sus propias energías y convertirlas en instrumentos personales de adivinación para usted.

Este, como ya he mencionado, es un ritual muy sencillo y básico. Si lo considera necesario, usted puede cambiar el ritual con el objeto de satisfacer sus necesidades y sentimientos. Básicamente, todo lo que ha hecho es purificar las monedas y dedicarlas a ser utilizadas como instrumentos de adivinación. Sobra decir que, después de consagrar estas monedas no deberán ser usadas para ningún otro propósito que no sea la adivinación.

Sus monedas personales

No hay ninguna razón por la cual usted no pudiera *fabricar sus propias* monedas para usar en la adivinación. De hecho, cualquier artículo mágico hecho por usted será mucho más poderoso y potente que algo comprado en un almacén, o fabricado para otro propósito y simplemente adaptado. Esto es especialmente cierto para dichos artículos mágicos tales como el athame (cuchillo para rituales), las varas, espadas y otros artículos por el estilo, usados en varias formas de magia ritual. Para la adivinación con monedas, tal vez usted decida que no vale la pena el esfuerzo de fabricar las monedas, pues generalmente estamos hablando de adivinación sencilla. Sin embargo, como he mencionado cuando hablamos de consagración, usted puede tratar la práctica como adivinación sencilla, o puede verlo como un ritual especial, el cual lo pondría en contacto más directo con influencias externas. Si lo mira de esta última forma, entonces haga sus propias monedas y personalice las que quiere usar. Veamos ambas posibilidades.

Personalizando monedas existentes

Usted puede personalizar cualquier moneda o medalla, grabándola; así podrá depositarle sus energías. Para grabarlas no necesita de un equipo avanzado. ¡De hecho, puede grabar las monedas —como hacen muchos gitanos— con sólo un clavo afilado! Los instrumentos reales de grabado no son costosos; puede comprar utensilios eléctricos para grabar a muy bajo precio. Sin embargo, desde el punto de vista mágico, le recomendaría que trabajara con un engrabador manual (no eléctrico).

El grabado de la moneda puede ser algo tan sencillo como sus iniciales o tan complicado como una palabra o frase escrita en uno de los alfabetos mágicos tradicionales. Lo que si es realmente importante es que usted transmita su energía a las monedas al hacer cualquier tipo de trabajo en ellas. Hace algunos años, encontré unos antiguos cuartos de peniques ingleses, todos grabados en la cara de la moneda con un pequeño pentagrama, o estrella de cinco lados. Me imagino que estaban preparadas para algo más que adivinación, pero la idea era la misma; habían sido imbuidas con la energía o fuerza de alguna persona.

Fabricando las monedas

Las monedas son nada más que simples piezas metálicas redondas, con diseños estampados o tallados. Muchos talleres de metalurgia desechan piezas en blanco que se han sacado de láminas metálicas destinadas para otro propósito. Éstas pueden resultar muy apropiadas para la adivinación con monedas. Algunas veces es posible conseguir estas piezas gratuitamente hablando con el dueño del taller. También se pueden encontrar piezas similares en las ferreterías. Usted puede encontrar discos de cobre para esmaltar en muchas tiendas de materiales para artistas y artesanías. A mí me gusta usar rondanas como los que van en medio de la tuerca y el tornillo, las cuales también se pueden encontrar en las ferreterías. Las rondanas son discos metálicos del tamaño de una moneda, disponibles en una gran variedad de tamaños, con un agujero en el centro. Estas rondanas se pueden encontrar con agujeros pequeños o grandes, usted puede elegir el tamaño que más le convenga. También puede encontrarlas de diferentes metales entre los que puede escoger.

Yo le recomiendo las rondanas de bronce, son más fáciles de grabar y creo, que son mas susceptibles al tacto que las rondanas hechas de acero. El peso de las rondanas de aluminio es generalmente muy liviano para ser usadas en la adivinación, por este motivo no las recomiendo. También sugiero que se eviten las monedas de níquel o las que tienen un centro de níquel.

Otra de las atracciones de las rondanas es que, ya que tienen un agujero en el centro, se asemejan a las monedas chinas, aunque el agujero en las monedas chinas es cuadrado. Ya que tenga su rondana, usted puede grabar lo que quiera en las dos caras. Si quiere, puede copiar los caracteres chinos o puede crear sus propios símbolos.

Si usa un disco metálico de uno de los metales más suaves, usted podrá estampar sus iniciales o diferentes diseños, usando sellos de metal (que se encuentran en tiendas de arte) y un martillo pesado.

No hay razón por la cual usted no pueda fabricar monedas de cerámica o incluso de madera. En estos días, muchas personas hacen y venden runas de diferentes clases hechas de estos materiales. Los mismos principios se pueden aplicar a las monedas haciendo los diseños de madera y grabándolos en cerámicas.

Otra opción sería simplemente pintar las monedas. Ya sean monedas de metal o monedas reales, usted puede personalizarlas usando pinturas para imprimir sus iniciales en éstas o grabar cualquier diseño que usted escoja.

Esto le da muchas opciones para personalizar las monedas que va a usar en la práctica de la adivinación. Como mencioné anteriormente, usted no necesita personalizarlas —cualquier moneda le servirá— pero el hecho de personalizarlas las hace mucho más especiales, y agrega su energía personal a estos instrumentos adivinatorios.

Ahora ya tiene los instrumentos que necesita y una gran variedad de métodos para usarlos. La adivinación con monedas es una ciencia exacta, fácil y divertida. Experiméntela. Opte por la adivinación que más le guste y, sobre todo ¡diviértase!

Bibliografía

Anderton, Bill. *Fortune Telling.* North Dighton, Massachusetts: JG Press, 1996.

Blofeld, John. *I Ching: the Book of Change.* New York: Dutton, 1968.

Buckland, Raymond. *Gypsy Fortune Telling Tarot Kit.* St. Paul, Minnesota: Llewellyn Publications, 1998.

______. *Gypsy Witchcraft and Magic*. St. Paul, Minnesota: Llewellyn Publications, 1998.

______. *Wicca, Prácticas y Principios de la Brujería*. St. Paul, Minnesota: Llewellyn Español, 2001.

Cheasley, Clifford W. *Numerology.* Boston, Massachusetts: Triangle, 1916.

Cheiro (Louis Hamon). *Cheiro's Book of Numbers.* New York: Arc, 1964.

Da Liu. *I Ching Coin Prediction.* New York: Harper & Row, 1975.

González-Wippler, Migene. *Amuletos y Talismanes.* St. Paul, Minnesota: Llewellyn Español, 1991.

Gray, Magda, ed. *Fortune Telling.* London: Marshall Cavendish, 1974.

Jordan, Juno. *Numerology.* Marina Del Rey, California: DeVorss, 1965.

Lopez, Vincent. *Numerology.* New York: Citadel, 1961.

Sepharial (Walter Gorn Old). *The Kabala of Numbers.* Philadelphia, Pennsylvania: David McKay, 1945.

Wilhelm, Richard. Translated by Cary F. Baynes. *The I Ching.* Princeton, New Jersey: Princeton University Press, 1967.

Wing, R. L. *The I Ching Workbook.* New York: Doubleday, 1979.

LLEWELLYN ESPAÑOL

Kay Henrion

PRÁCTICAS HOLÍSTICAS
PARA LA SALUD

Escrita por una enfermera certificada,
esta obra le ofrece respuestas a sus preguntas
sobre las aplicaciones de la meditación y
la visualización, las dietas y las vitaminas,
y otros temas concernientes a su salud
y a la de sus seres queridos.

5$^3/_{16}$" x 8" • 216 pgs.

1-56718-287-9

Migene González–Wippler

EL LIBRO DE LAS SOMBRAS

El libro de las sombras es obra única escrita originalmente en español en donde se expone la verdad acerca del mundo místico de la religión Wicca. Conozca el verdadero propósito de una religión que ama a la naturaleza.

$5\frac{3}{16}$" x 8" • 240 pgs.

0-7387-0205-6

LLEWELLYN ESPAÑOL

Ileana Abrev

MAGIA BLANCA
Secretos para el amor, la salud y la abundancia

Aprenda cómo hacer encantamientos, poniendo su corazón y su alma como nadie puede hacerlo. Realizar los hechizos con este libro es práctico, divertido y con ingredientes fáciles de obtener.

5 3/16" x 6" • 144 pgs.

0-7387-0080-0

... LECTURAS PARA LA MENTE Y EL ESPÍRITU

Denning & Phillips

GUÍA PRÁCTICA A LA VISUALIZACIÓN CREATIVA

Técnicas efectivas para lograr lo deseado

Guía práctica para la visualización creativa le ofrece una serie de ejercicios con los que estimulará su mente para cristalizar sus deseos en logros personales.

5³⁄₁₆" x 8" • 288 pgs.

1-56718-204-6